大和の碑

奈良の書碑を訪ねて

中野南風著

天来書院

1 ― **東大寺** 谷川碑と大仏殿

2 ― 二月堂全景

3 ― **興福寺** 五重塔と花の松の碑

4―金峯山寺木額

5―蔵王堂遠景

6―発心門

背景　8—吉野山千本桜

7—五條新町通り

9 — 高天彦神社

10 — 長谷寺本堂全景

11 — 斑鳩の里

Photo：永田　明

はじめに

中野南風

昭和四十一年、『大和の書跡』という本が発行され、同じ頃、日本書芸院でも同様の企画展があった。それらは華々しくもあり、興味深々たるものであった。この頃から、大和に残された碑や額に注目し、自分の目で良いと判断したものを中心に記憶に留めていった。

若い日の私は、新たな書の可能性をそこに見出そうとし、その中のどれかは一つでも追求してみたいものだと思っていたのである。

いつかは整理してまとめておかねばと考えていたが、勤めや書展の出品…と仲々その時を持てなかった。

平成十年、本の形にしようと一念発起、再度各地を巡り本格的な作業に入ろうと心に決めた。幸いよきパートナーを得た。白記佑紅さんと水本蒼穹君である。夢中で巡った。そして夢中で文を綴った。

しかし好事魔多しである。台風の襲来、家の新築、それに私の入院と事は停滞に停滞を重ねた。曲がりなりにも一応の完成を見たのは平成十五年のことである。

どこかの出版社で本にして頂けないものかなあ…との私の希望をかなえて下さったのは、天来書院の比田井和子社長である。嬉しかった。本当に感謝している。そして大和の心を写して下さった永田明さん、編集の労をとって頂いた日野楠雄さん。実に多くの方々のお世話になった。

今は有難さで一杯である。

最後に、読者の皆さん、この小冊子を手に大和路を巡って下さい。そこには古き文化の香りをたたえた小路が、碑が、古寺があなたのお越しを待っていますから。

（平成十七年六月二十日記）

大和の碑

目次

桜井市

大和高田市・葛城市

御所市

五條市

凡例

◎字体は新字体・新仮名遣いを原則とする。
◎目次タイトル下には明確なものに限り書者名を記した。なおタイトルと重複する場合は割愛した。
◎住所表示の数字は漢数字、国道などの号数は算用数字を原則とする。
◎各碑の住所表示と地図表示について

現在全国的に市町村合併が進行しており、奈良県内も昨年10月に「葛城市」、本年4月に新「奈良市」が誕生し、他二ヶ所で協議会が作業にあたっている。そのため近い将来住所表示及び行政地図表記が変更されることが予定され、本書ではこれらの状況を鑑みて変更後の状況に対応できるように合併協議会の状況を添付する。

住所表示について

「葛城市」「奈良市」は新表示とし、それ以外は現表示とする。なお、進行中の協議会を左に示す。本書ご利用の時期に合わせて参照されたい。

◇「葛城市」二〇〇四（H16）年10月、北葛城郡新庄町と当麻町が合併。
◇「奈良市」二〇〇五（H17）年4月、奈良市・添上郡月ヶ瀬村・山辺郡都祁村合併。
◇五條市・吉野郡（西吉野村・大塔村）……二〇〇五（H17）年9月合併「五條市」誕生予定。
◇宇陀郡（大宇陀町・菟田野町・榛原町・室生村）……二〇〇六年（H18）年1月合併「宇陀市」誕生予定。

地図表記について

各章の始めに奈良全県の地図を載せ、その章で取扱う地域は、他と区別するために色を付けた。既に合併している「葛城市」「奈良市」は旧自治体名も付した。将来合併が決定している地域については、その部分がわかるように薄目に色をつけた。105頁は合併地域が入り込んでいるため、実線でその区域を示した。

各碑・題額の所在地については各項目末行に住所などを表示したが、わかりにくい場所については関連頁に略地図を付し、所在位置を＊印としタイトル№を付し、北を上とした。略地図が他頁にある場合は、掲載頁数を〈地図41頁〉のように項目末行に付した。なお、同地域内として奈良市街〔2～22〕・桜井市〔44～50 53〕・吉野山地区〔89～96〕はまとめて125頁に掲載し所在地確認や散策の便を図った。

大和の碑

奈良市

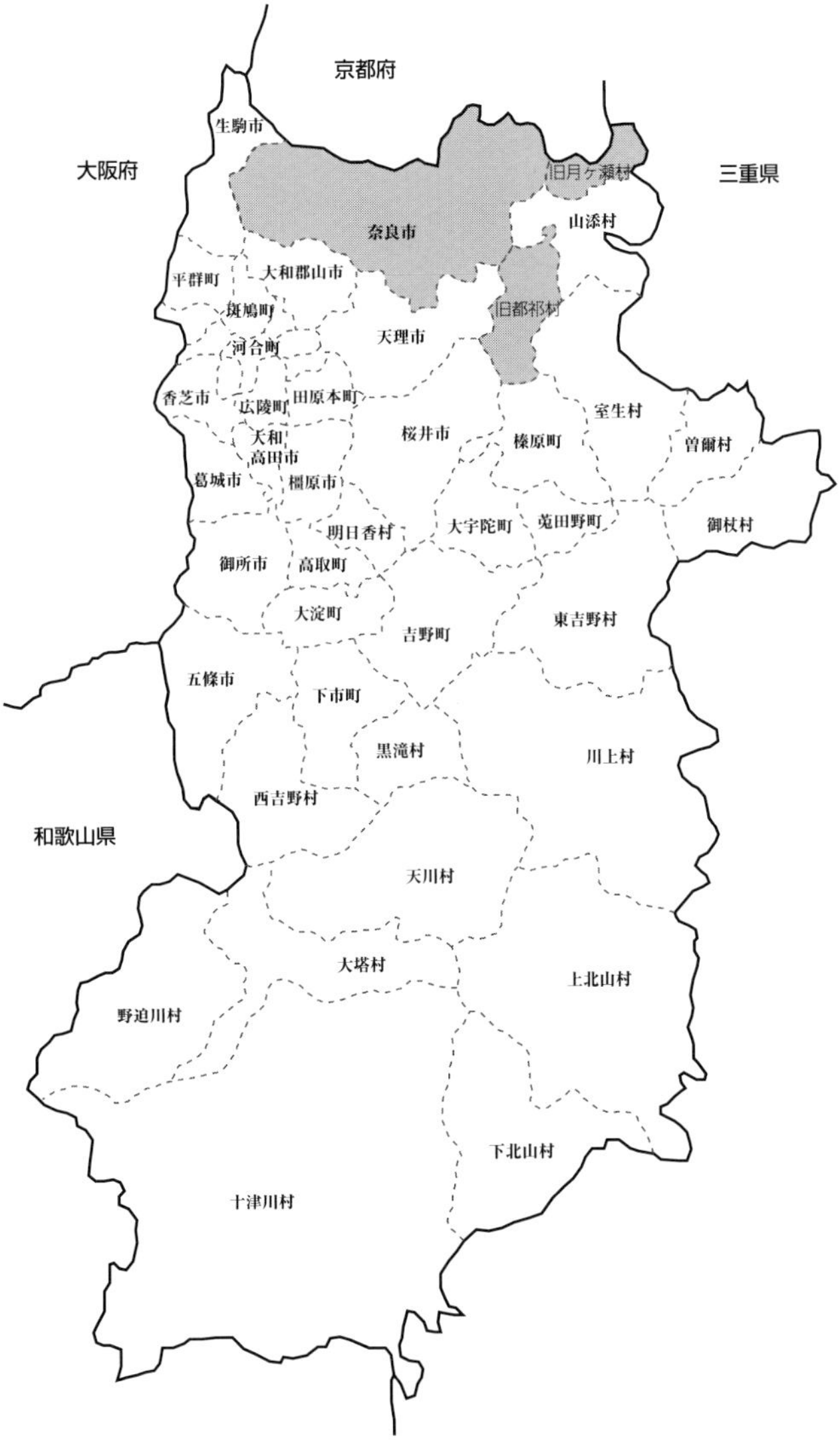
京都府
大阪府
三重県
和歌山県
生駒市
奈良市
旧月ヶ瀬村
山添村
平群町
大和郡山市
斑鳩町
旧都祁村
天理市
河合町
香芝市
広陵町
田原本町
桜井市
榛原町
室生村
曽爾村
大和
高田市
葛城市
橿原市
明日香村
大宇陀町
菟田野町
御杖村
御所市
高取町
大淀町
吉野町
東吉野村
五條市
下市町
黒滝村
川上村
西吉野村
天川村
大塔村
上北山村
野迫川村
下北山村
十津川村

1 柳生 徳政碑

（40×30cm）

正長元年ヨリサキ者カンへ四カンカウニヲ
ヰメアルヘカラス

　と読むそうである。随分読みづらい。意味も難解だが、「正長元年（一四二八）より先は、神戸四ヶ郷（大柳生、柳生、坂原、邑地）に負債あるべからず」即ち「正長元年から四か村が持っていた負債《ふさい》を棒引きにする」という意味だそうである。

　この文はよく歴史の教科書にも掲載されているもので、所謂《いわゆる》、徳政《とくせい》を地蔵像に刻したものである。徳政とは債務を帳消しにする事をいい、鎌倉から室町時代に行われた。

　書は素朴、雄大、中国北魏の風格を持つ。我国碑碣《ひけつ》文字中、屈指の名作であるといえよう。

（奈良市柳生町ほうそう地蔵の右横）

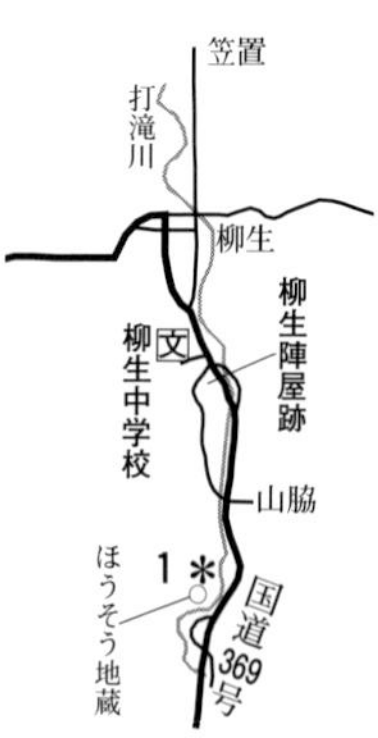

2 興福寺 寺標

碑は四面に書を刻す。

東面	西國九番　南圓堂
南面	施主　西山熊蔵
西面	大正五年七月一日修建
北面	法相宗大本山　興福寺

（各々　189×33cm）

（189×33cm）

昭和十八年頃、私は初めてこの碑に接した。その時は何か武骨な感じが先走って、あまりいい書だという印象は持たなかった。何かどこにでもある、あまり上手ではない文字だぐらいの感じであった。しかし、師範学校の書の教科書は私の書観を一変させた。それはその書のよって来たる根源を見たからである。それは中国北魏の書にあった。切り立ったような起筆、転折、波法——。それは文字を刻した刀法による所も大きいが、実に素朴、誠実、雄大そしておおらかであった。

私は改めて北面している「興福寺」と書かれた碑を凝視した。鋭く、深く、健康な書の原点がそこにあったのだ。

それから、何度寧楽《なら》の地を訪れた事であろう。私はいつも歩きながら横目でその書を追い、都大路を東に、西に向かうのが常であった。

（奈良市奈良県庁前大宮大通り南側歩道）〈地図125頁〉

3 興福寺 南円堂銅灯台銘

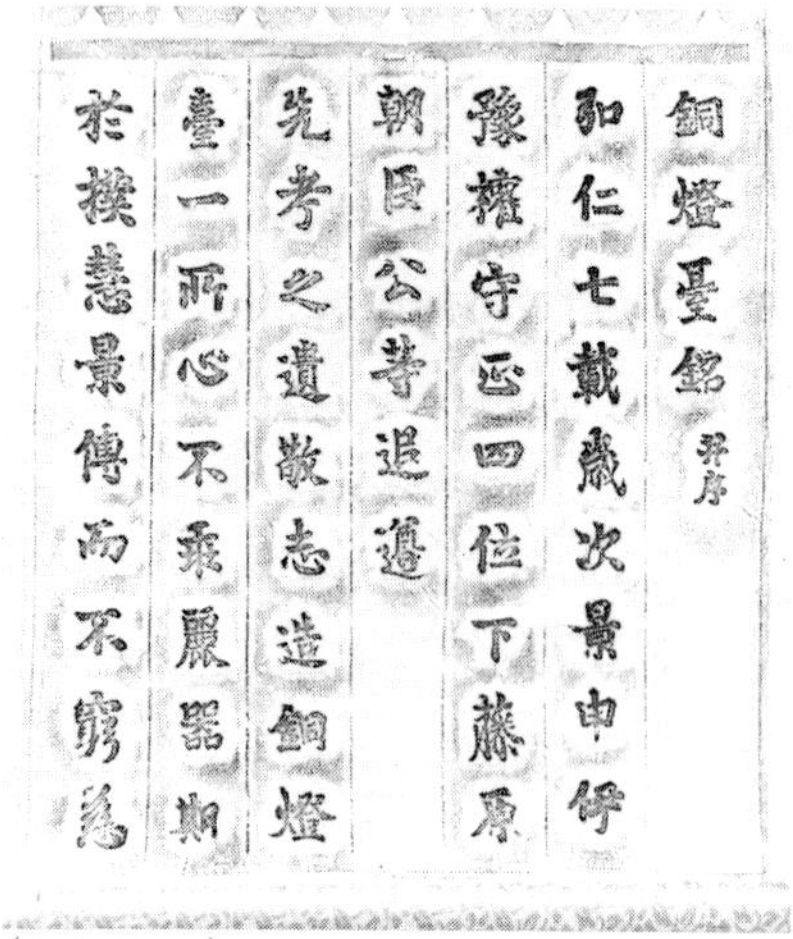

（45×28cm）

南円堂は西国三十三か所、第九番札所である。本尊は不空羂索観音《ふくうけんさくかんのん》、運慶の父康慶の作、国宝。

その南円堂の前に銅の灯籠がある。藤原冬嗣が嵯峨天皇の弘仁四年、藤原氏の繁栄をねがって建立した。その扉の銘が古来有名である。銘文は、謹厳にして重厚、暖かみのある楷書で、我国金石文中の一大傑作といわれている。橘逸勢《たちばなのはやなり》の筆と伝えられるが、一説には空海との説もある。

この灯籠銘は戦前より戦後にかけて実物が灯籠の扉にはめこまれていたが、いつの頃からか本物はお蔵入りをした。上の拓本は実物を拓したものである。

この書、一字一字をおろそかにせず規矩整斉《きくせいせい》、重厚にして古意あり。流石《さすが》である。

新作は観世音菩薩の賛歌が書かれており、陳舜臣《ちんしゅんしん》選、今井凌雪《いまいりょうせつ》書、両者のコンビによるもの。

（奈良市興福寺南円堂前）〈地図125頁〉

4 興福寺 花の松の碑

興福寺は藤原氏の氏寺で、鎌足が建てた山階寺を前身とし飛鳥に移って厩坂寺《うまやざかでら》、平城遷都と共にここ寧楽の地に移され興福寺となった。

現在でも広い境内だが、全盛期は桁違いの広さで、一七五の堂宇が聳え、十八万石の実力を持つ春日社興福寺として大和に君臨する宗教王国であった。爾後、戦火や火災で寺勢は次第に衰えていったが、それに決定的打撃を与えたのが、明治の神仏分離の嵐であった。民間に払い下げられた土地と堂塔は打ちこわされ、寺領は国に没収されたり、仏像は売り払われ、僧侶は春日神社の神官になるという未曾有の出来事が現出したのである。

「秋風や囲もなしに興福寺」と子規は詠んだ。秋風が囲いもない興福寺を吹き抜けていくのである。

戦後いくらか残されていた塀もとりのぞかれ、興福寺の境内そのものが、国宝の伽藍の点在する緑濃い公園となっている。

「花の松」は、その興福寺の中心、即ち五重塔と東金堂の西に花開く松なのである。

「花の松の碑」の記載によると、「弘法大師の御手植と伝え姿態雄偉《したいゆうい》、夙《つと》に南都の一名木たり。明治大正の際、樹容最も盛んにして、幹圍り一丈九尺、高さ八丈二尺、枝張東西十八間、南北二十二間を越ゆ。然るに後漸く衰退し、昭和十二年に至りて遂に枯死す。…」と記されており、ありし日の花の松の偉容を偲ぶ事が出来る。枯死後、名木を惜しむの声諸々よりあがり、「花の松献木翼賛会」を発足させ、後継の花の松を植栽さる。

長々と書いたが、原文は漢字かなまじり文で記され、筆者は辻本史邑。紀元二千六百年即ち、昭和十五年三月にこの碑が建てられた。

書は実に謹厳。楷書の範とするに足る。

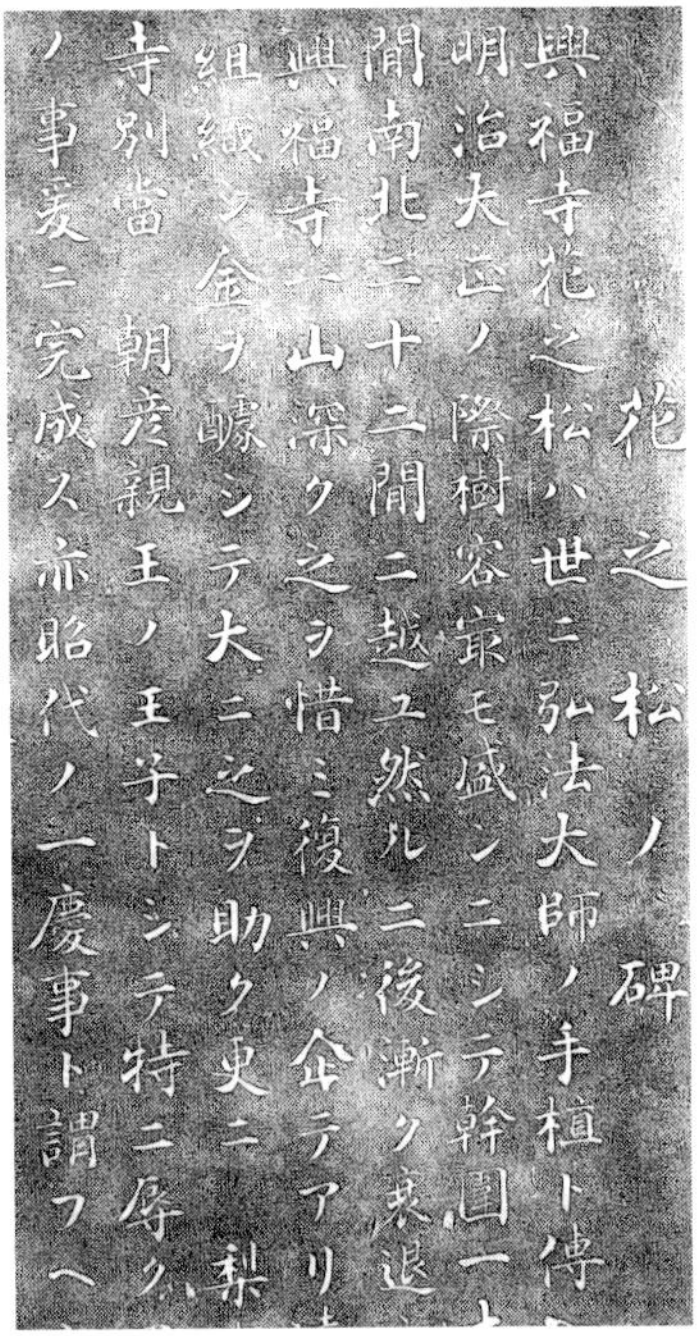

（口絵③　興福寺五重塔西側）〈地図125頁〉

5 春日大社 会津八一歌碑

かすがのに　おしてるつきの　ほがらかに
あきのゆふべと　なりにけるかも　秋艸道人

八一の「自註鹿鳴集」に作者の註があり、『春日野——若草山の麓より西の方一帯の平地——をいう。古来国文学の上に思い出深き名にて、今も風趣豊かなる実景なり。

おしてる——照らすという事を、さらに意味を強めていえり。この歌を作者の筆蹟のまま石に刻りたる碑は、春日野の一部にて古来「とぶひ野」というあたりに立ちてあり。古今集に「かすが野の　飛火の野守　いでて見よ　今いく日ありて　若菜摘みてむ」という歌あり。そのあたりなり。これを見ん人は、その位置を春日神社の社務所にて確かめらるべし。』

この歌の掲載されている歌集「南京新唱」は大正十三年の刊である。従ってこの歌碑の建立は少なくとも昭和二十年迄に建立されたものであろうと考えられる。私も碑が飛火野に立っていた頃のおぼろげな記憶を持っている。

しかし今は春日大社境内の神苑（旧万葉植物園）に置かれている。

苑を一巡した丁度いい場所、白萩に囲まれてこの碑はある。文字もよく刻もよい。

（奈良市春日大社境内　神苑〈旧万葉植物園〉内）〈地図125頁〉

（106×25cm）

6 春日大社 釈迢空歌碑

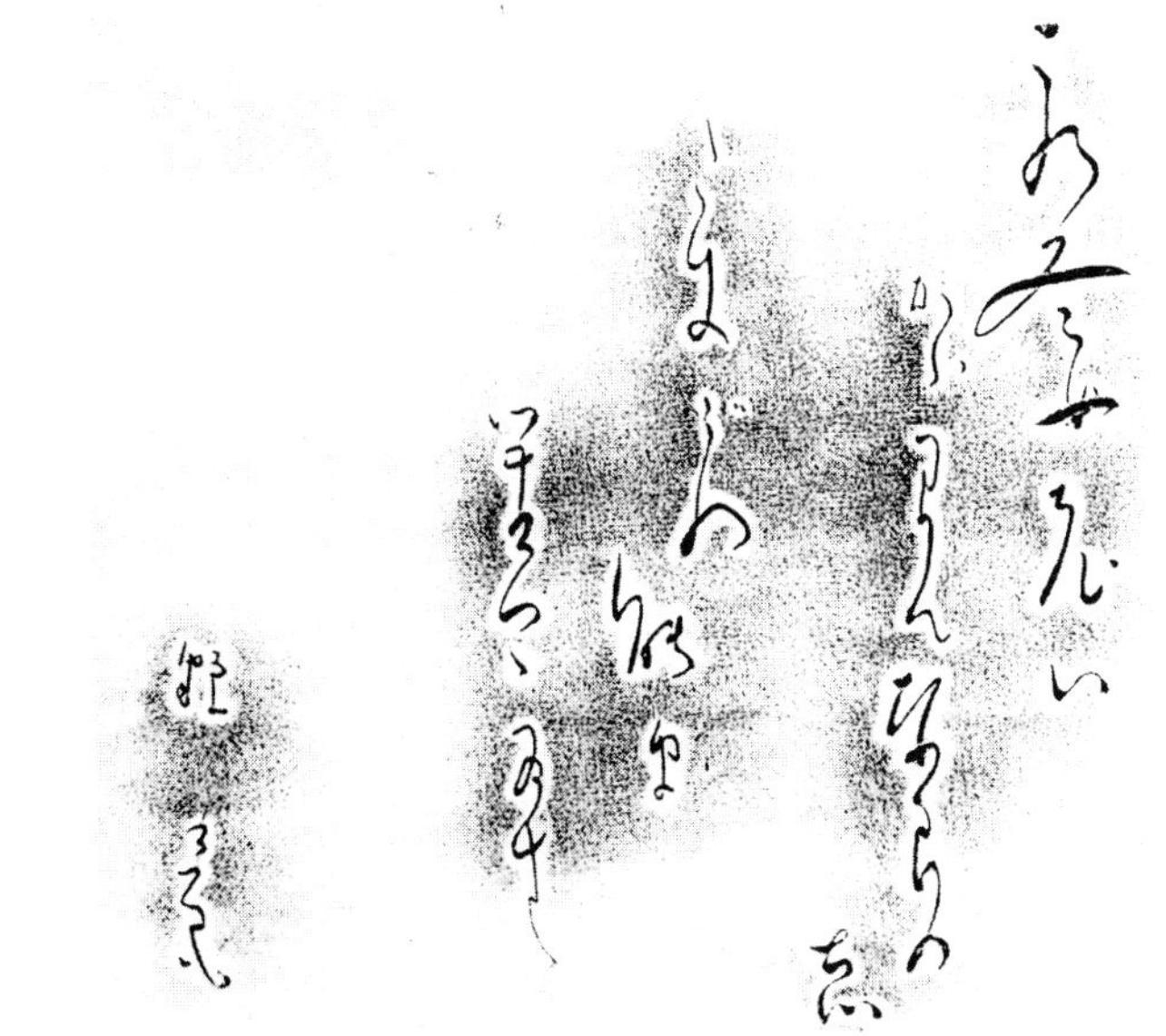

この冬も　老いかがまりて　奈良の京
たきぎの能を　思いつつゐむ
釈迢空

神苑、緑の木々に抱かれるようにしてこの碑はある。

この碑一寸、読みづらいが、その書は細味でやわらか。いかにも情緒纏綿《じょうちょてんめん》とした書である。陽鋳《ようちゅう》なので拓にすると細部の息づかいまで聞こえてくるようだ。

釈迢空《しゃくちょうくう》

明治二十年大阪府生まれ、本名折口信夫《おりぐちしのぶ》。国学院大学卒、民族学・国文学に多大の業績をのこす。大正六年「アララギ」同人、十二年「日光」創刊に参加。茂吉・白秋と並んで多くの歌人に影響を及ぼした。

歌集「海やまのあひだ」「春のことぶれ」など。

昭和二十八年没。

（春日大社境内　神苑）〈地図125頁〉

7 春日大社 島崎藤村歌碑

むらさきは　灰さすものぞ　つば市の
やそのちまたに　逢へる子や誰
たらちねの　母が呼ぶ名を　申さめど
道ゆく人を　誰としりてか
藤村老人

古歌二首をしるす
昭和十五年新秋の日
静之艸屋にて

奈良公園、春日大社内の神苑にある。
筆者は島崎藤村。

この碑は三角形の自然石にブロンズという装束《いでたち》である。碑面の半分に歌を二首、変体がなを交えて淡々と書し署名の藤村老人はうんと紙面をあけて左下に。いい構図である。

（47×53cm）

島崎藤村
芸術院会員、小説家。「破戒」「夜明け前」ほか。昭和十年朝日賞受賞。昭和十八年没、七十七歳。

（春日大社境内　神苑）〈地図125頁〉

8 東大寺 西大門勅額

薫風戦《そよ》ぐ五月初旬、この稿を書いている。さすが大和の、いや日本の大寺東大寺にかかる書額である。

雄大にして平明。この書を見るだけで人は東大寺を眼前するであろう。これは、かつて東大寺の西大門に掲げられていた。

私は、この書をどこかの展覧会で見た記憶がある。今はそこがどこだか想い出せないが、すごく大きかった印象を持っている。それはおぼろげながら縦一・五間に横一間ぐらいの大きさを持っていたようだ。

ああ、それからこんな事もあった。どこかの古書の売立目録で見たようである。他の拓はさしおいて、これだけは是非ともと思ったが、何せ大きさが大きさだ。たとえ買った所で、これを開いて見るのは年に一度か二度くらいか…という所に落ちついて遂にそのままになってしまった。

だから、拓は私の手許にはない。しかし頭に留まった。

それはそのものの持つ力である。その力とは八世紀の新興国日本の国に満ち溢れる生気、大気、正気なのであろうか。

（奈良市東大寺蔵―東大寺西門勅額）

9 東大寺 会津八一歌碑

おほらかに　もろてのゆびを　ひらかせて
おほきほとけは　あまたらしたり　八一

優に三メートルに達するほどの巨碑。世界一の木造建築、東大寺の南大門を入り中門間近の左側、築地塀の手前にそれはある。巨碑の割に文字は小ぶりであり、おとなしく二行に収まっている。

上部の二つの「お」だけが「於」の「お」、あとは平明な八一のかなである。

案ずるに原書は僧房で所定の紙に書かれたものであろう。

後に巨石がきた。そして書かれた八一の書をそのままそこにはめこんだものであろうか。

再度、幅七十五センチ、高さ二・八メートルの巨碑にその字は大人しすぎるように感じられる。

もし、この碑石が先にあり、そこに八一がこの歌を書いたとしたら、もっと趣の異なったものになっていたであろうと思われる。

数日をおきての後。しかしながら、国家鎮護の大仏の気宇、思想の雄大さの前の一学徒の歌碑なり、謹まざるべけんやの心情が、八一に強く働いたのではなかろうか。その結果がこの碑の書となって現れたのであろうか、とも思われる。

七月十七日、八一の「自註鹿鳴集」を読む。

文中「作者が自筆のままにこの歌を刻したる石碑は、大仏殿の中門の西に当たる木立の中にあり、高さ一丈五尺。嶋中鵬二氏の建立するところ」とある。

これでは、碑面を前にして書かれたのか、以前に書した書作をそこにそのまま刻したものかは不明である。

（東大寺鏡池西側　勧学院前）〈地図125頁〉

10 東大寺 谷川碑

東大寺の南大門をくぐると、そのままに真直ぐ続く石畳の道、そのずっと向こうに入母屋づくりの中門、その屋根が底辺を拡げて梯形のラインをつくる。その上に大仏殿の巨大な屋根がのしかかっている。その上の真青《まさお》の空。

石畳の右に鏡池、この池はさして大きくはない。その手前に右への小道、すぐそばに椿におおわれた小さな森、ここに「谷川碑」がある。

この碑は高さ四メートル、横二メートル以上はある。これをそれはそれは見上げるばかりの巨碑なのである。

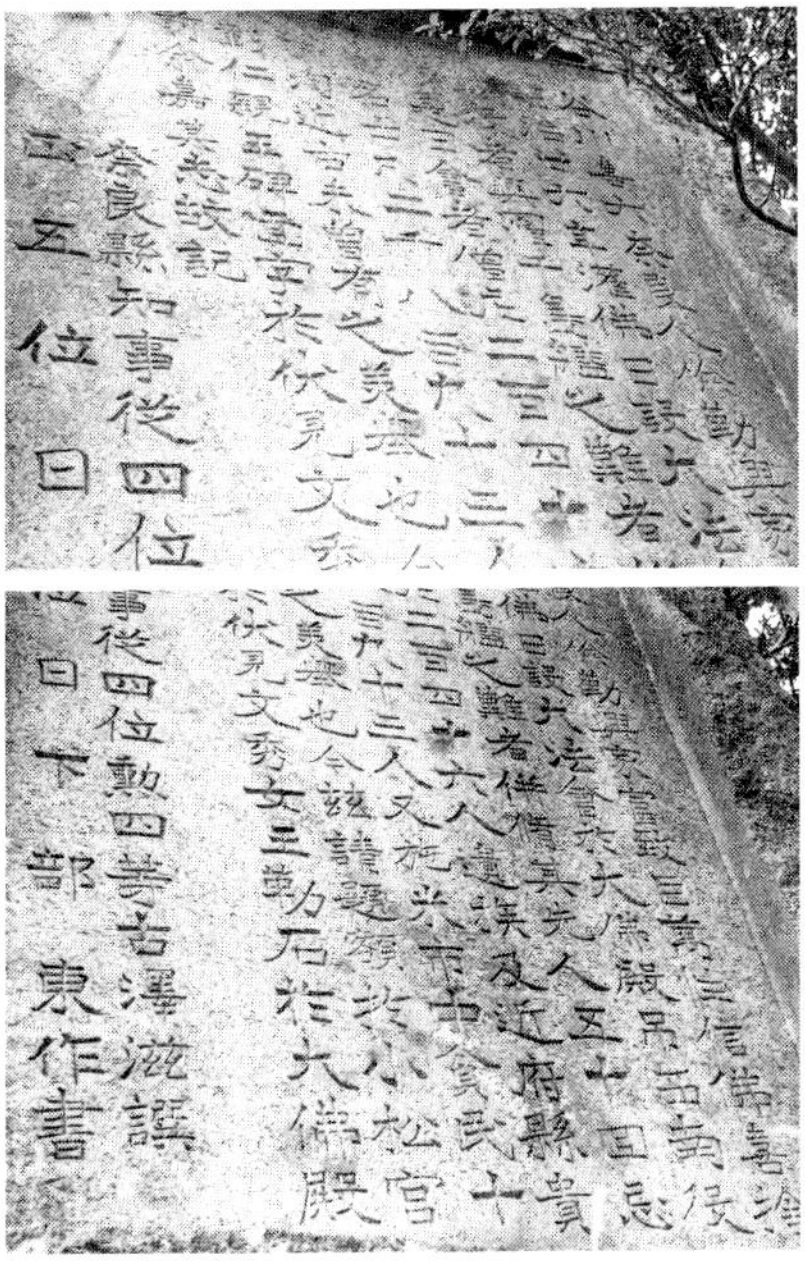
（400×200cm）

建立された谷川さんは信仰心が厚く、西南戦争で戦没された人達、軍艦千鳥の殉職者などを弔うため大仏殿で盛大な法要を営まれ、後この碑を建立されたと聞く。

筆者は明治時代の書の大家日下部鳴鶴《くさかべめいかく》翁、鳴鶴は旧姓田中、名は東作、鳴鶴と称す。天保五年（一八三四）江戸藩邸に生まれた。彦根藩士。明治三年、明治天皇が霞ヶ関の大久保邸に行幸された時、金井金洞《かないこんどう》と共に御前揮毫の栄に浴した。当時中国から来朝していた楊守敬《ようしゅけい》（地理学者、金石学者、書家）に会いそのたずさえてきた碑法帖に驚嘆して北碑に傾倒、巖谷一六《いわやいちろく》・松田雪柯《せっか》らと共に北魏を宗とした新書風を創造した。

後年、益をうけた大久保公の死により官を辞し書を専業とした。ために新時代にあったこの書風が急激に全国に広まり、天下を風靡したのである。この新書風を当時の人は六朝《りくちょう》風と呼んだ。

この「谷川碑」はかれが五十六歳、彼の絶頂期の作で、正しい結構（形）、覇気を内に秘め勢いに満ちた線など、心身共に充実した鳴鶴の内面を見る思いがする。

この碑、中国の北碑のなかでも特に鄭道昭の匂いが強く感じられる。数ある鳴鶴の碑の中でも第一等の名碑であると言えよう。

（口絵① 東大寺南大門北東 鏡池南側）〈地図125頁〉

11 東大寺 大界外相碑

やはり足で歩かねばならない。近代化に伴う車社会は、まわりの景色や建造物を瞬時に遥か彼方に追いやってしまう。

大仏殿の西、戒壇院への道は人通りも少なく静かである。そこに名碑はないかと目を皿にして歩く。その目を持たねば、それらはその美を顕してはくれない。その目がなければ、その物は目を閉じてしまうのである。

カメラマンの水本君がうまく撮影してくれたお陰でその場の雰囲気がよくわかる。

ぽつんと立っている「大界外相」と書かれた小碑の、ここでの存在価値は大きい。そして高さ七〇センチ足らずの碑に刻されたその文字の気は大きくて深い。

築地塀に寄りそうように建てられた碑。こちらの方はきりりっとして戒壇院の東辺を示しているようだ。「東辺已北限林」の言葉がそれを示している。

大界外相《たいかいげそう》

大界外相とは、この標石の内は摂僧界（仏の世界）である事を示す言葉で標石に使われる。

〈東大寺大仏殿の西　戒壇院へ続く道辺〉〈地図125頁〉

12 東大寺二月堂銅手水鉢題字

二月堂への階段を上り切った所にある銅製の大手水鉢。さすがは天下の大寺、東大寺のものだと妙な所に感心する。蓮の台《うてな》を龍が守る。その上の大荷葉に「奉納」の二字が。共にでかいのだ。手水鉢もそこに書かれている文字も。

横に年記があった。弘化四年丁未正月吉日と。幕末のものである。

（口絵②　二月堂南側階段を上りきった正面）

〈地図125頁〉

13 若草山 松尾芭蕉句碑

（184×57cm）

碑面には
「奈良七重　七堂伽藍　八重さくら、桃青」
とある。若草山の登山口に立っている。自然石だ。桃青とは松尾芭蕉の事。

その書きぶりも面白い。奈良七重と書いて七堂…は右へ、又左にもどって八重さくら、更に落款《らっかん》は右隅だ。

右から左に向かって書き、落款はその左という、現在での書式のパターンをいとも簡単に破っている。左に刻者？の名を入れ銅鉾形の石にぴたりと収める。上のあき、下の左右のあきが実にいい。

碑の左端に「応需抱一書之」—需《もとめ》に応じて、抱一之を書す—とある。従ってこの碑の書者は酒井抱一なのであろうか？静かな文字である。

（奈良市奈良公園若草山　登山口付近）〈地図125頁〉

14 中邨直三功徳之碑

奈良県庁の東の交差点のすぐ東に、四面石の柵に囲まれた大きな碑がある。「中邨直三功徳之碑」である。碑の高さは二五〇センチ。

一体、中村直三とはどんな人物であったのだろうか。

中村直三（一八一九－一八八二）

明治三老農の一人。奈良県山辺郡（天理市）永原村生まれ。安政年間、減租を求める農民運動を農事改良により重租から逃れられると説き、強訴の防止につとめた。又農事改良とともに心学に傾倒し、心学の普及にも与って功があった。

彼は明治維新後、大和の諸藩に招かれ、農事講話や稲の試作、改良につとめ、秋田県にも招かれて稲作指導、農談会の育成にもつとめ、天下の老農とうたわれた。ここ大和にも立派な人がおられたのである。筆者は明治の書家巌谷一六。

この碑は謹厳な楷書ながら、時に瓢逸味《ひょういつみ》を帯びた彼独得の書造型で、現在の我々をも魅了している。

（奈良市「県庁東」交差点北東側奥　登大路駐車場の東側）〈地図125頁〉

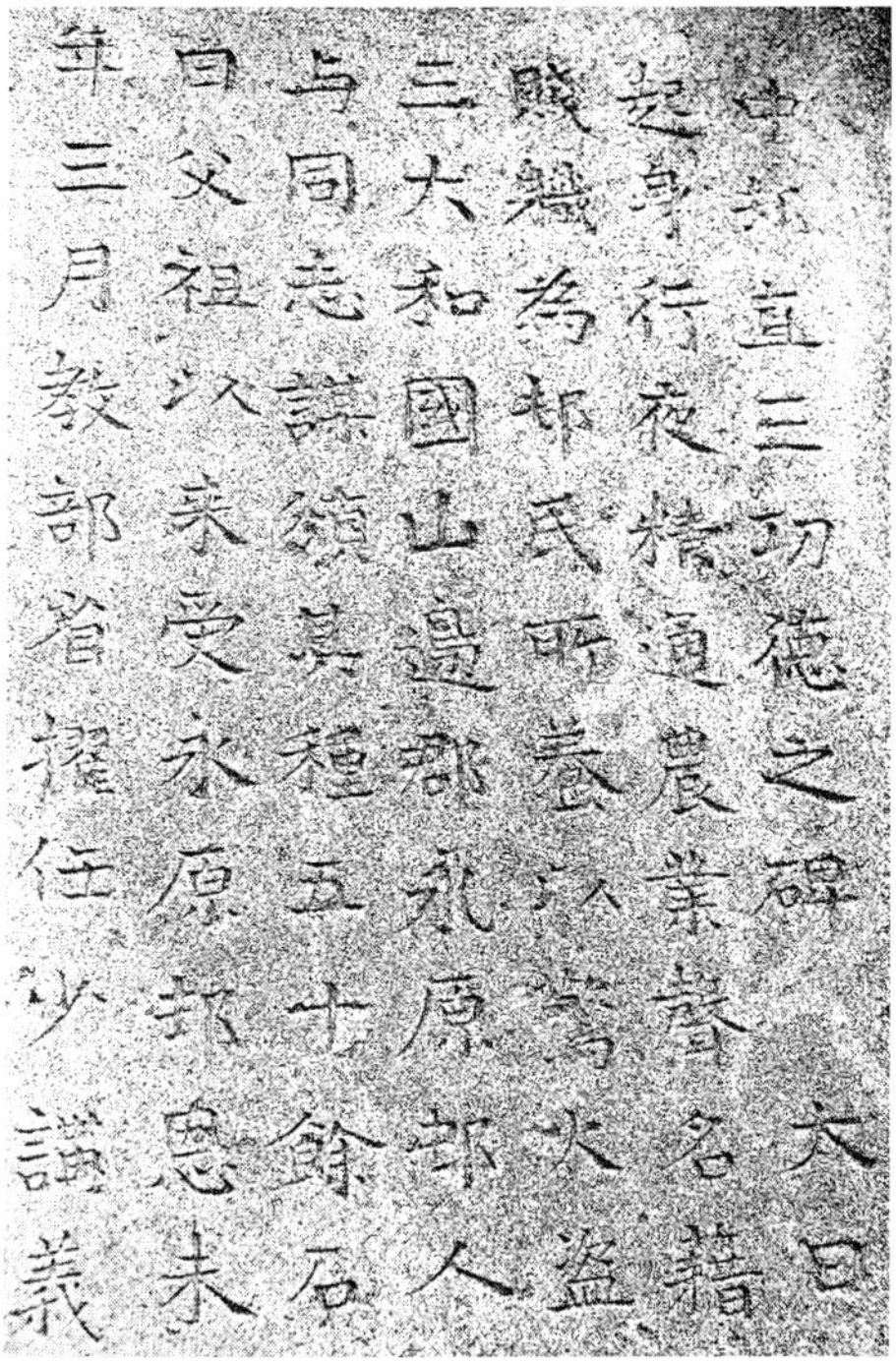

（碑面150×90cm）

15 春鹿醸造元 題額

近鉄電車の西大寺駅で奈良行きの急行に乗りかえる時、いつも「春鹿」の看板を見て先生を懐かしんだものである。残念ながら今は撤去されてそこにはない。

本物は木額で奈良ホテルの南、福智院町の春鹿醸造元にある。

奇石先生、最晩年の書の一つといってもいい。「春鹿」の文字を意識されたのか、「春鹿」がやや大きめに書かれている。生前にお聞きしなかったが、銘柄の「春鹿」だけをお書きになって、他の文字は後日書かれたものかも知れぬ。

何故こんな事を言うかと言うと、「春鹿」とそれ以外の文字との間にやや不調和な点が感じられるからである。ともあれ、品位高く味わい深く、南都の数ある看板の中でも一際群を抜いて秀作である。

後日訪問することあり。店内に看板と同じ肉筆の額あり。私の推理は誤り。やはり一回でお書きになったものである。

〈奈良市福智院町二四―一〉〈地図125頁〉

小坂奇石
徳島県海部郡由岐町出身。
黒木拝石に師事。
恩賜賞・芸術院賞受賞。
日展参事。書道団体璞社主宰。
奈良教育大学名誉教授。
平成三年没。九十歳。

16 大乗院趾碑

「大乗院趾」と書かれた大きな石が、奈良ホテルを南西に降りきった三叉路に南面して立っている。

もとこのあたりから東、大乗院庭園、奈良ホテルにかけての一帯は興福寺の塔頭、大乗院のあった所である。

この碑は大乗院庭園の中心にでもあればいいと思われるが、なぜか今は人目につきやすい道路脇に置かれている。

（奈良市御所馬場町「福智院北」交差点を西へ約一〇〇m 北に折れて約一〇〇m北側角）〈地図125頁〉

豪快な書である。
筆者は法隆寺第百三世管長佐伯定胤、詩書に秀でた。書は慈雲尊者以降の第一人者と称される。昭和二十七年没、八十六歳。

17 元興寺 寺標三種

安倍能成書

猿沢の池の南、元興寺を中心に碁盤目状の小径にそって町家が並ぶ。南北約六〇〇メートル、東西約四〇〇メートルの小区域を奈良町と呼ぶ。

その中心、元興寺は南都七大寺の一つで、飛鳥の法興寺（飛鳥寺）を草創とし、平城遷都の時、現在地に移転して元興寺となり、平安遷都まで権勢を誇った。が、平安後期には衰え、智光曼陀羅《ちこうまんだら》を祀る極楽坊だけが、南都系浄土信仰の中心となって栄えた。今は極楽坊と禅室を残すのみである。

現在街中のこの寺には入口が三つある。その正面、東口に「元興寺　極楽房、僧坊」の碑がある。高さ二二五センチの巨碑である。筆者は文部大臣、旧一高校長の安倍能成先生。この寺は著名人とのつながりが深く安倍能成さんも金銭で援助は出来ないからと申され、多くの書を寺に寄贈されている。

この書、筆力が強くて爽やかである。

（奈良市中院町十一　元興寺正門前）〈地図125頁〉

（225×50cm）

小坂奇石書

小坂先生が、奈良教育大学在職中にこの碑をお書きになったと直接お伺いした事がある。

先生が教育大におられた頃だから昭和三十六、七年頃、即ち先生六十歳前半の頃の作である。先生はその頃米芾《べいふつ》に傾倒しておられた。従ってその筆意にも、形態にも、その痕跡を認める事が出来る。

うまい書である。書の古典を習いつくしながらも、それを自分のものとし、自己の個性と共に表現するという事は難しい仕事である。うっかりすると、それは物まねになり、どうかするとそれは自己満足に陥りやすいからである。

元興寺と書しながら書の伝統を生かし、自己を表出し、鑑賞に堪えうる作品をお作りになったその作書態度に、満腔の敬意を表したい。文質彬々《ぶんしつひんぴん》の書である。

なお、この寺標は北門にあり。都市計画で前の家屋が大道に変容したため、碑が前面に躍り出た。

（元興寺北門前）

（150×28cm）

中野南風書

元興寺と私の縁は、古くから連なっている。夏の地蔵盆の燈籠書きを紹介して下さったのは故須田剋太先生である。ずっと献燈を通じて同寺とつながりはあったが、急激に縁が濃くなっていったのは中山さんとの出会いである。中山文夫さんは遠江《とおとうみ》の産だが、青年時代から保育園の仕事を通じて同寺と結ばれていた。

その中山さんがこれも縁があって、私に書を習いたいと言う事で、私と元興寺との密度が更に深くなっていったのである。

「平成八年三月十九日、四時半中山さんと奈良駅で待ち合わす。連れそって元興寺へ。新しく出来た西門の左に「元興寺」の寺標を建てるとの事。」（日記の一節）

私は天下の大寺の寺標と言う事で一瞬逡巡したが、向こうがお望みなのだからと、お引き受けする事にした。

三月二十五、二十六の両日を浄書の日に決めた。心をある一点に凝縮して事に臨んだ。

「五枚書く。思ったより二枚目よくて、四枚目もよし。五枚目、これは顔法に。威風堂々。これに決めようと思う。」と日記に書いている。

（元興寺西門前）

（150×50cm）

18 淀屋 題額

いい書だなあ、よく収まっているし、文字に重量感もある。線の深さも深さながら、それを表現した刻手の腕も相当のものである。

下ののれんの淀を見て、この看板は「淀屋」だと解った。

看板の文字は読めるのが一番だが、往々にして名人の書には読みにくいのがある。それは近世、――特に明治以降に多いように思われる。

それは作者の書に対する意気込みが文字という約束事をつい越えてしまうのであろうと思われる。

私も時に自分の書いた文字に何と書いたのだろうかと思い呻吟の後、こう書いたのだと思い出し、苦笑する事がある。

書に対する意欲が文字の約束事をつい逸脱してしまうのである。

最後の数行は自分の事を書いてしまった。読めるという事と書の高低とは自ずと別の問題である。

いい忘れたが、筆者は元東大寺管長清水公照師。

（奈良市西寺林町一一六）〈地図125頁〉

（120×70cm）

19 古梅園 題額

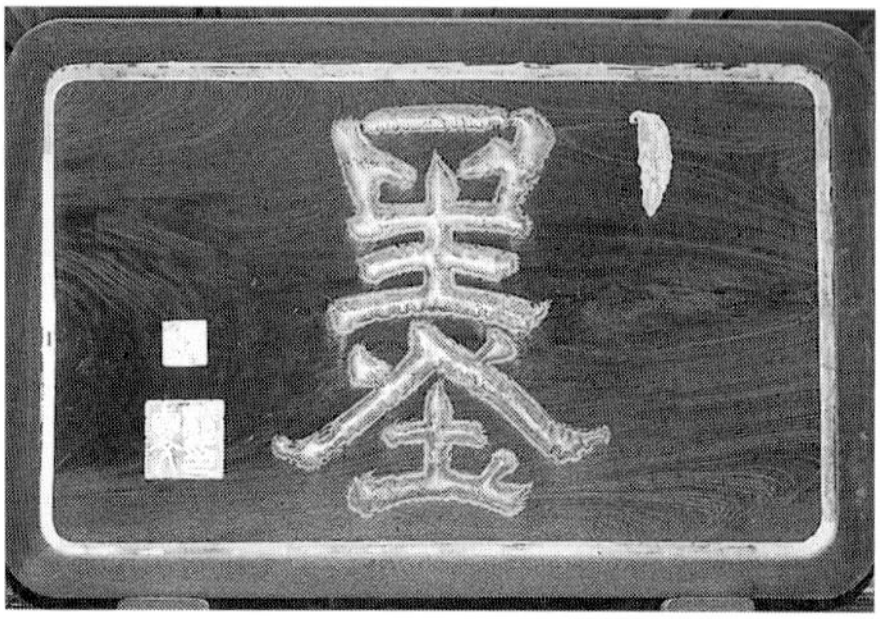

古梅園は奈良製墨、一番の老舗である。

奈良市の椿井小学校の西、広い敷地にそれこそいかにも老舗と呼ぶにふさわしいつくりと風格を持った木造家屋が居並ぶ。それこそほんまものの大和の商家のたたずまいである。―それが古梅園。

そこに大きな欅づくりの看板がかかる。「古梅園」、上に商標登録、右に明治庚子夏、左に壺石仙史題とある。ちなみに明治庚子とは、明治三十三年（一九〇〇）にあたる。

壺石仙史とは十一代目の当主であろう。一九三一年、昭和初期に亡くなられている。

さすがに明治の人らしく、顔法を学んで懐の広い鷹揚《おうよう》な書である。明治はおおらかな時代であったのだ。

その横に「墨」の木額、欅の横額に隷書でやや縦長の墨字、右上の引首印の半月型、左の落款印の大小の変化、明治の書ながら、斬新な額、書人の美的センスが躍如、現在に持ってきても少しの遜色《そんしょく》もない。

（奈良市椿井町七　椿井小学校西側）〈地図125頁〉

20 文林堂 題額

（80×200cm）

この「文林堂」の木額はある意味において清水公照先生の中期?の傑作であると言えるかも知れない。

字々、動きに動き、曲がりに曲がって、この横長の矩形に一つの交響曲を奏でた。

「文」「堂」「公照題之」の曲に対し、最ん中の「林」が静かに左右の動きを封じて実にいい雰囲気を醸し出しているのである。

「文」の三、四画の動き、「堂」の中央から、右に曲がり左に流れて「堂」をおさめる面白さ、「公照題之」の縦線が「堂」の中央線に呼応して右に曲がって左におさめる。

そしてぴたりと三文字がおさまる。それにもまして公照先生のしっかりした線が縦横にピンとした神経をはりつめているのである。

それでこの書が生きているのである。面白い書である。

日本的面白さの頂点に立っている書である。

（奈良市角振町二二一　上三条町交差点東入る）〈地図125頁〉

21 湖月 題額

近鉄奈良駅を降りたところ、その正面に菓子舗「湖月」がある。昔風に欅の板に「湖月」と刻り、胡粉《ごふん》で化粧をする。落款に「碧」とある。河東碧梧桐の書である。碧梧桐とは、大正、昭和の俳人で新傾向派の先駆者である。俳句もさる事ながら、書も一風変わったものである。この人は書の伝統というか、過去の書の文化遺産を一蹴して新しい造型を生む。新しい造型というと、少々聞こえはいいが、作ったもの、作られたもの、の匂いが濃厚な書と言えよう。しかし、現今、紙上に散乱している無茶苦茶書きとは一線を画す。作られたもの、即ち作意の濃いものではあるが、それはそれなりに節度もある。私も一点木額を所持しているが、見ていると段々目なれてくるから不思議である。それはやはり、それ相当の鑑賞に堪える力を持っているのであろう。

この書、やはり六朝の書を根底としたものだと思われる。線は蔵鋒、「湖月」の下辺は半円形を描き章法はぴたりと収まる。やはり新しい書の一つであろう。

今、気がついたが、「湖月」は左から右に書いている。今式である。碧梧桐は戦前にこう書いたのであろうか、或いは後に縦書きものを横書きに刻する時、こう刻したのであろうか？

とにかく目を引く書である。新しさを持った書である。

（奈良市東向商店街入口　近鉄奈良駅ビル東側）〈地図125頁〉

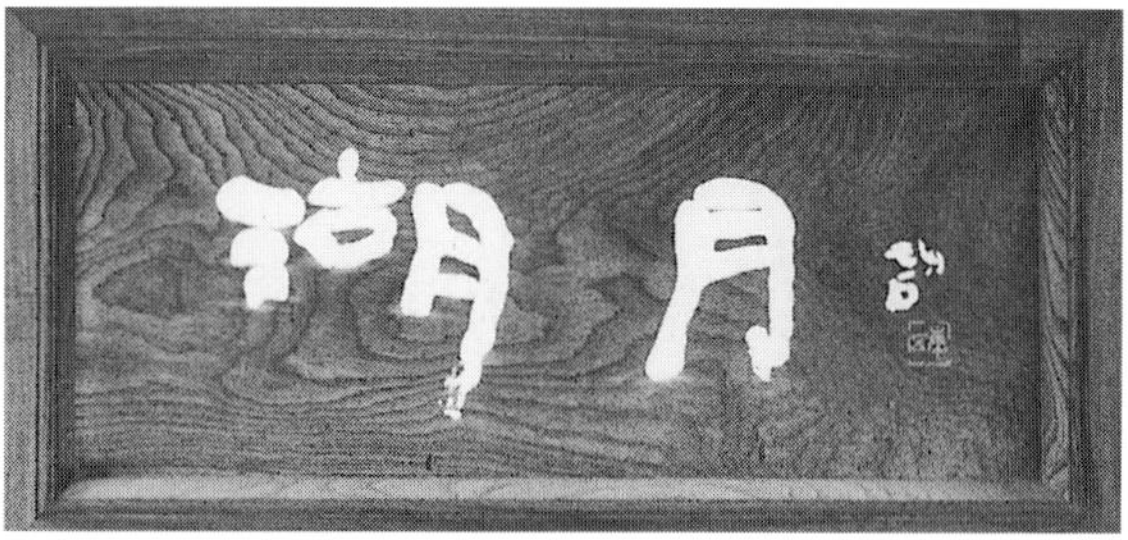

22 念仏寺 円碑

近鉄奈良駅を登大路に沿って西に向かう。左手に森が見える。開化天皇陵である。今日訪う山の寺は、その森の手前、即ち開化天皇陵の裏手にあたる。正しくは「降魔山念仏寺」。

ここにローソク型の大円碑がある。

「南無阿弥陀仏」の御名号。筆者は文字を見るだけで、言わずと知れた慈雲尊者。この書は尊者筆蹟中でも白眉と思われる秀作である。実にいい書なので拓本をとお願いしたら、丁重に断られた。

文字もよし刻もよい。線に内包する慈味の豊かな事、大切に後世に残したい文化財の一つである。

慈雲尊者、江戸中期の僧、正法律の大家、梵学の一大碩《せき》学《がく》。河内の高貴寺に住。

（奈良市漢国町　高天交差点西南　山の寺念仏寺内）〈地図125頁〉

23 海龍王寺 門額

「海龍王寺」は古くから隅院、隅寺と称された。天平三年（七三一）光明皇后の御願により建立された寺院である。養老元年（七一七）第八次遣唐使として渡唐した僧玄昉《げんぼう》は在唐十八年、智周大師について法相の教学を極めた。天平六年帰国の途中暴風雨に見舞われ、玄昉の乗った船だけがかろうじて種子島に漂着した。この時玄昉の持ち帰った教典は五千余巻、後の日本の仏教界に大きく貢献することになるのである。玄昉は漂流中、海龍王経を唱え、九死に一生を得たがその持ち帰った貴重な経論により僧正に任ぜられ隅寺に住して寺号を海龍王寺と称した。

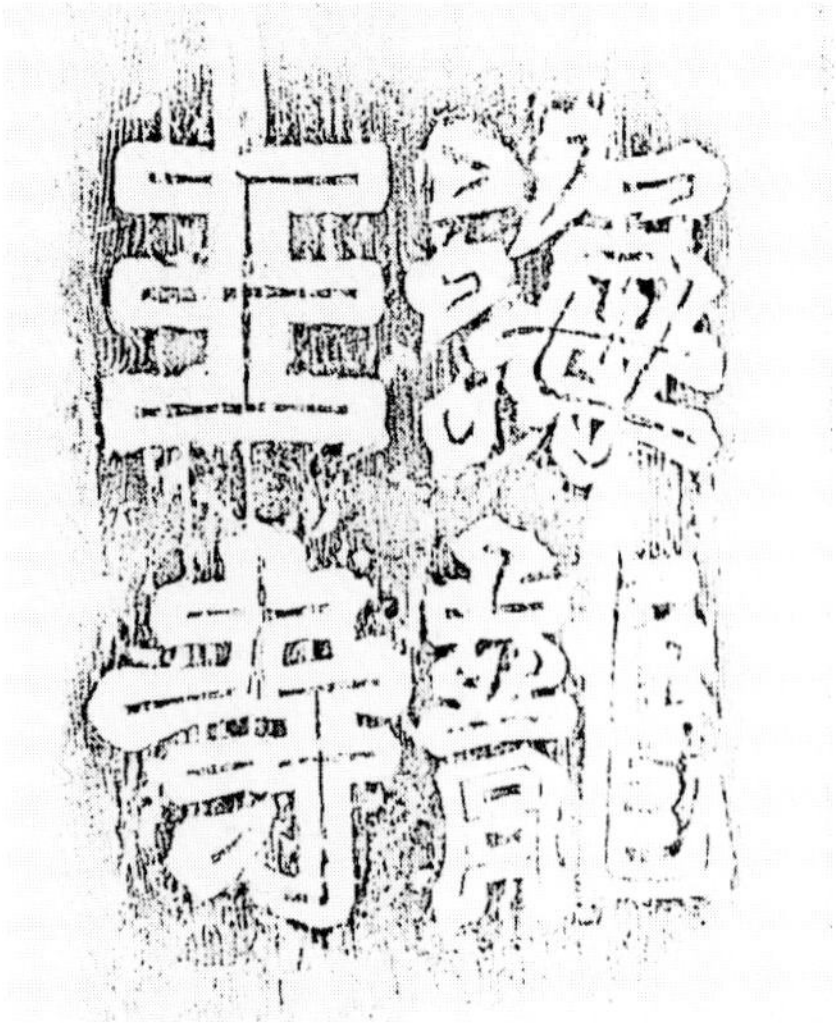

以上は海龍王寺成立の概要であるが、同寺は時代の盛衰に翻弄され、奈良時代のものはわずかに西金堂と国宝の五重小塔を残すのみである。しかし幸いなことに海龍王寺の木額は残存した。縦七十センチ、横三十三センチとやや小額ではあるが、天地をあけて中半分に「海龍王寺」と刻す。その章法が面白い。刻も面白く、文字の線の回りを刻り、中心線だけを残すのである。木額もしゃれてセンスのあるものだが、拓にすると、又はっとする美しさがある。

芝生の前庭南西の隅に八一の歌碑がある。

しぐれのあめ　いたくなふりそ　こんだうの
はしらのまそほ　かべにながれむ

（奈良市法華寺北町八九七　「法華寺前」バス停北すぐ）

24 秋篠寺 川田順歌碑・石灯二碑

諸々《もろもろ》の　み佛の中の　伎芸天《ぎげいてん》
何のえにしぞ　われを見たまふ　　順

歌人川田順の絶唱というべき作。

ちなみに伎芸天の仏頭は天平、肢体は鎌倉時代。首をかしげて微笑むやさしい御姿にファンも多い。

寺域に小祠あり。

あかりとりの下部に左の語を刻す。

「智炬《ちきょ》を輝かして、迷闇《めいあん》を照らす。」智の炬火《たいまつ》を輝かして、迷いの闇を照らすという、いかにも社前にぴたりの言葉である。

文字はおおらかな隷書体、いかにもゆったりとしていて深い。

（奈良市秋篠町七五七　秋篠寺本堂西側）

（96×33cm）

25 唐招提寺 門額

大きな板に端麗《たんれい》な書で「唐招提寺」と刻す。天平様式に再建された南大門の楼上に掲げられている。唐招提寺は今は奈良市の郊外といった感じだが、昔は平城京右京五条二坊に当たり、首都の中心街区にあった。

西暦七五九年（天平宝字三年）天武天皇の皇子新田部親王の旧邸地を賜って寺は創建された。唐の国から来朝した鑑真和上《がんじんわじょう》の招提《しょうだい》—み仏のもとに修行する人達の場—という意味を寺名として掲げている。日本の律宗総本山である。

鑑真和上は大唐国揚州大明寺の高僧、聖武天皇の寵招《ちょうしょう》に応え、授戒《じゅかい》の師として来朝する事になったが、七五四年（天平勝宝六年）東大寺に到着する迄十二年間、前後五回に及ぶ難航海に失敗したにもかかわらず、初志を貫徹《かんてつ》、奈良の都についた時は両眼を失明していたのである。かくて大仏殿の前に、戒壇《かいだん》を設け、聖武《しょうむ》、孝謙《こうけん》帝をはじめ、高僧達に授戒をした。

東大寺戒壇院を退いて後、唐招提寺を建立し、在すこと四年。七六三年（天平宝字七年）五月六日、七十六歳を以て示寂《じじゃく》した。

今、簡単に寺の概略を述べたが、この寺額は孝謙天皇の宸翰《しんかん》と伝えられている。

（85×65cm）

きりりとして引き締まった形は中国の書聖王羲之の書を想い起こさせる。

品位高き書である。

（奈良市五條町一三—四六　「唐招提寺前」バス停西入る　南大門）

〈地図41頁〉

26 唐招提寺 会津八一歌碑

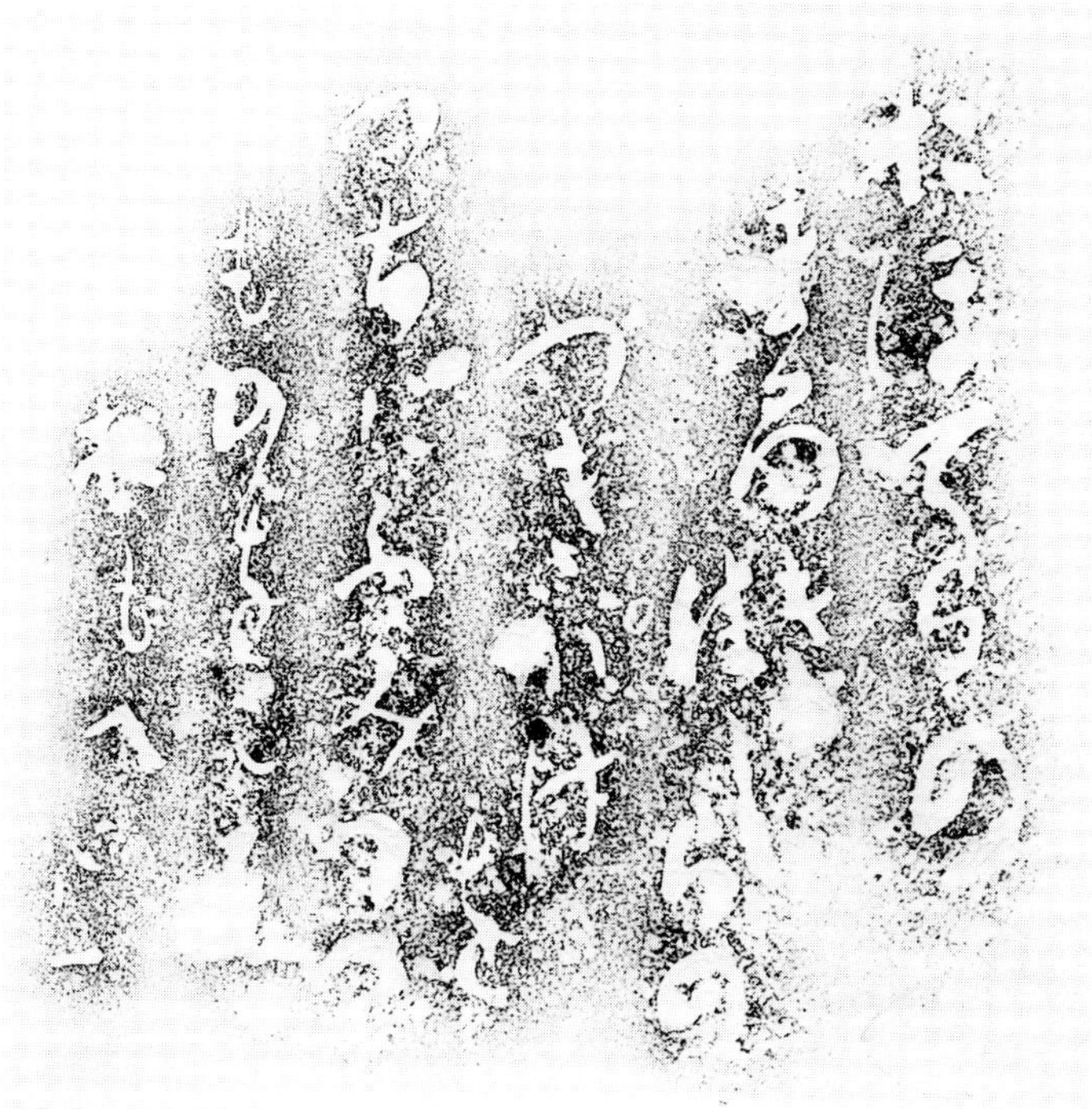

（拓本 69×69、歌碑 140×100cm）

おほてらの　まろきはしらの　つきかげを
つちにふみつつ　ものをこそおもへ　　八一

唐招提寺金堂の正面左にある。

エンタシスの名残を秘める大きく円き柱。清浄の月光を一杯にふくみ千古をけみした柱の放列、その柱の倒影する神秘的な土をふみつつ、古に想いを馳せる筆者八一。歌ここに極まれりとの感がする。

古代の石棺の蓋に刻されたというこの歌は筆者の妥協を許さぬ強い個性と相まってこの名碑を完成させたのである。

（唐招提寺金堂正面西側）〈地図41頁〉

27 唐招提寺 鑑真和上礼讃碑

御影堂の東、鑑真和上御廟の戒壇は石造三段の豪壮なものである。このたびその最上階にインドサンチーの古塔を模した宝塔を奉安し、周辺を整備して授戒場としての面目を一新された。その最下段の石壁に中国の趙樸初《ちょうぼくしょ》揮毫の「鑑真大師礼讃文」が刻されている。

実に見事な書である。

苦難を顧みず身を捨て法の為、初心を改めず失明してまで来朝した和上の事跡を、「仁かつ勇能く碍《さまた》げるなし」と記し、「遺徳を仰ぐ」としてしめくくられている。

趙樸初氏は現代中国の書法家協会の会長を務めておられる能書家である。

この書をみて流石《さすが》だと思った。中国四千年の伝統が脈々と息づいているのだ。

漢字発生の国、中国の知識人でなければこの書は書けないものと思う。やはり本流というべきものである。

四面に趙紫陽団手植の瓊花《けいか》が大きく育っていた。

（唐招提寺御影堂東　池の奥）〈地図41頁〉

右側

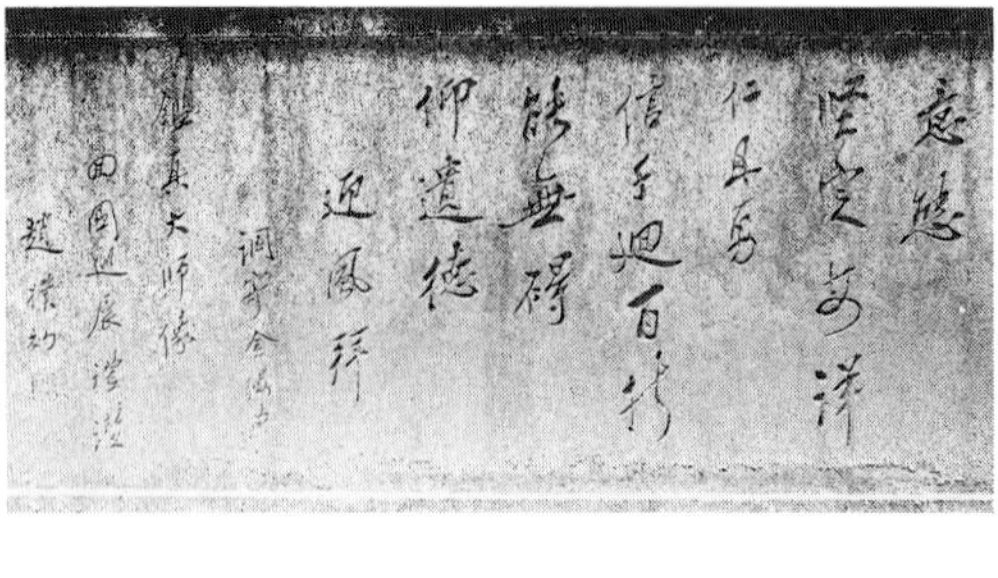

左側

28 唐招提寺 北原白秋歌碑

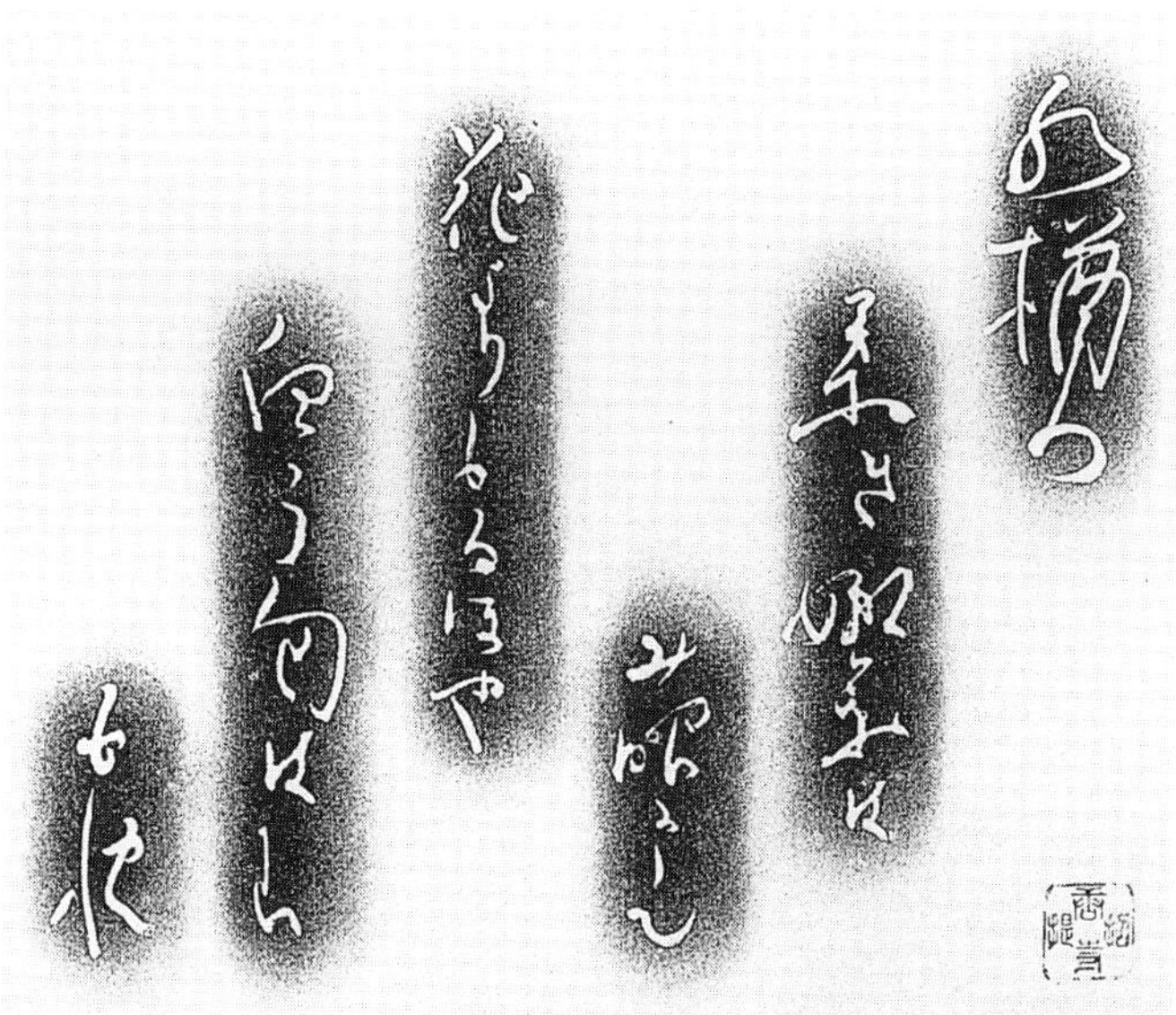

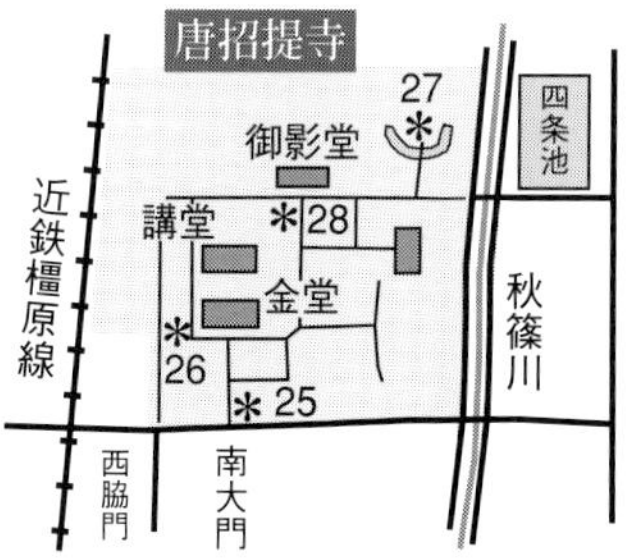

御影堂前の小径にある。
一寸読みにくい書である。

水楢の　柔き嫩葉《わかば》は　み眼にして
花よりもなほや　白う匂はむ　白秋

と読むのであろうか、
道に埋もれるくらいに目立たぬ碑石、
書がいい。北原白秋の作。

北原白秋
明治十八年福岡県生まれ。詩人・歌人。
詩集「邪宗門」、歌集「桐の花」により浪漫
主義の新風を築く。

（唐招提寺御影堂前）

29 薬師寺 佐佐木信綱歌碑

ゆく秋の　大和の国の　薬師寺の
塔の上なる　一ひらの雲

大正元年発行の歌集「新月」所載、歌人佐佐木信綱の代表作の一つである。

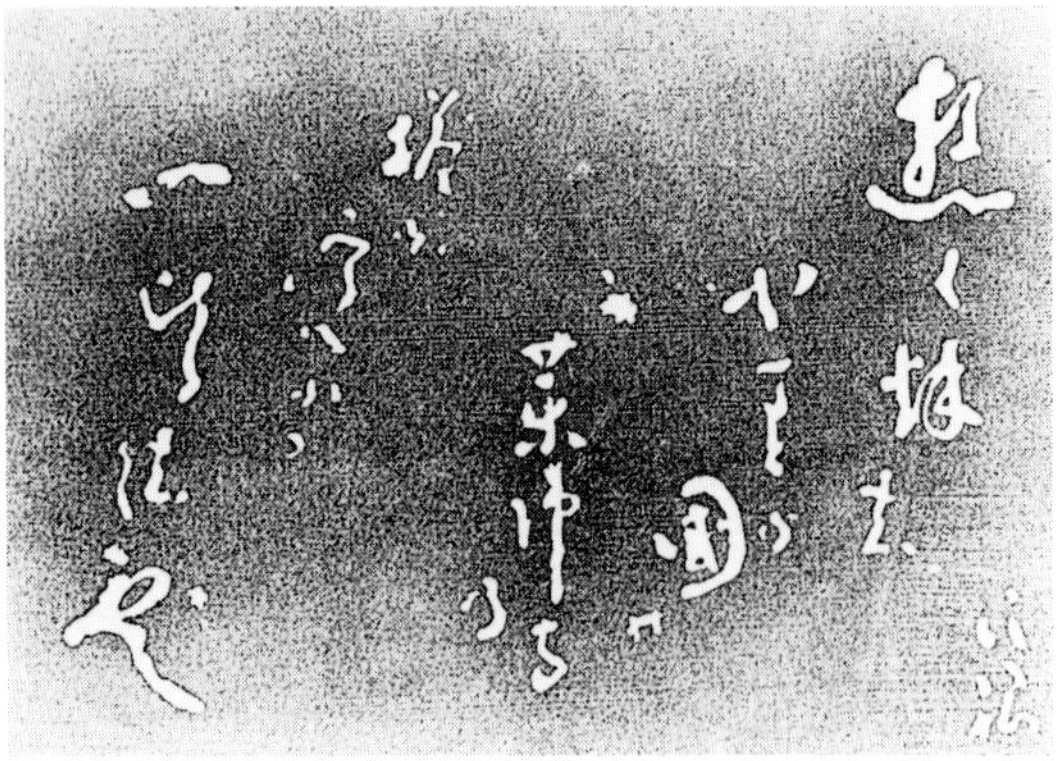

（43×35cm）

秋がもうゆこうとしている。薬師寺の三重の塔の上の一《ひと》片《ひら》の雲―その雲ももう初冬の雲の装いを見せている。軒下に裳階《もこし》をつけ、一見六重の塔にも見まがう韻律《いんりつ》をもった薬師寺の塔、それは韻律を持ち旋律を奏《かな》でて、やがて人を天上へと志向する。その先端に一ひらの雲があるのである。それも初冬特有のややくぐもった動きを止めたかのごとき雲なのである。それはまさに「凍《こお》れる音楽」の延長線上にあるのである。

薬師寺は天武天皇の発願（六八〇年）により持統・文武天皇の御世に飛鳥で堂宇の完成を見た。その後、平城遷都に伴い寧楽西の京に移された。幾多の災害により東塔以外は悉く灰燼《かいじん》に帰したが、昭和四十三年より始められた写経勧進により白鳳の大伽藍《だいがらん》が蘇《よみがえ》りつつある。

境内はすっかり変容したが碑はもとの位置（東塔の西北）にある。白い大理石の膚が清浄の雰囲気にぴったりだ。書も独特の雰囲気を持つ。

（奈良市西ノ京四五七　薬師寺内）

大和の碑

大和郡山市《やまとこおりやまし》・生駒郡《いこまぐん》（斑鳩町《いかるがちょう》）・天理市《てんりし》・磯城郡《しきぐん》（田原本町《たわらもとちょう》）

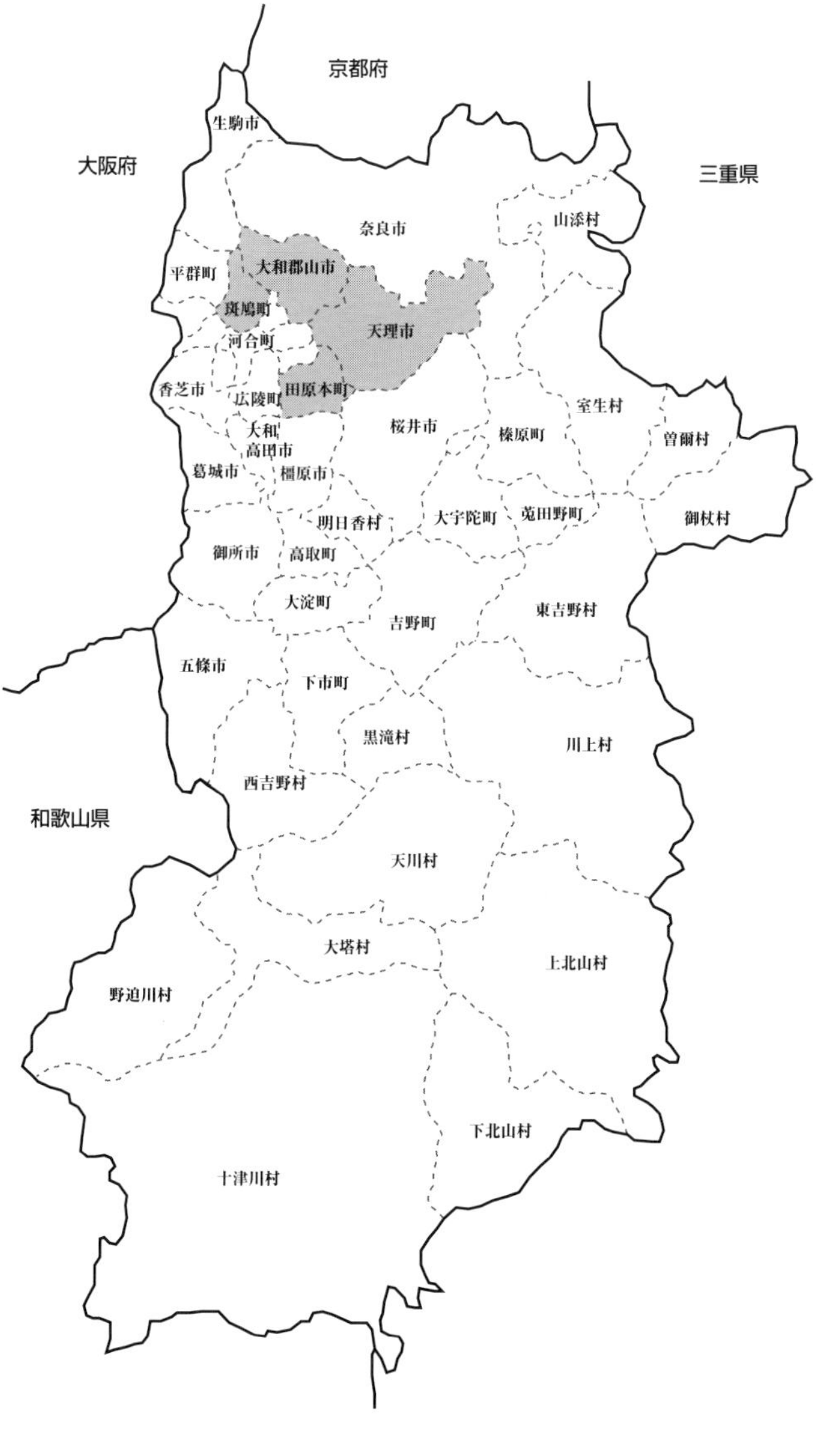

30 永慶寺 題額

（約200×100cm）

龍華山《りゅうげさん》永慶寺は郡山城のほぼ南にあり黄檗宗の禅寺である。

説明書によると、永慶寺は宝永元年（一七〇四）柳沢吉保公が十五万石余の封禄で、柳沢氏の故郷甲斐国城主に任ぜられ、甲府市内に柳沢家菩提寺として大伽藍を建立し、寺号を吉保公の法名より「龍華山永慶寺」と名づけ、寺領三七〇石とされた。

享保二年（一七一七）柳沢家二代吉里公の時に国替え、従って当寺も現在地に移転された。

その本堂にかかる「龍華山」の山号を刻した木額は素晴らしいの一語につきる。この書、多分に装飾文字の系統に属するものだが、その文字の重量感・緊密度・文字の面に占める大きさ、それに文字に塗られた金彩のまばゆさと金の比率、すべてが豪華なのである。なかなかこのような文字にめぐりあうのは少ないのである。

私はこの金の眩《まばゆ》さと、高台にある本堂前の広場、南の窪地にある小さい池、弁天堂のたたずまいなどを頭に温めながら、この龍華山を去ったのである。

後日、白記さんに調べてもらった所、木額「龍華山」の筆者は柳沢尭山《ぎょうさん》公であることがわかった。

（大和郡山市永慶寺町五―七六　永慶寺本堂　郡山城の南西）

〈地図45頁〉

31 永慶寺 阿波野青畝句碑

この句碑、花崗岩の切り出しの荒さを横後において正面を磨く。僕は今迄歌碑、句碑を色々見てきたが、句碑にはこのデザインが一番だと思う。この碑、書もうまく、それ以上に品がよい。

山涼し　みやこ忘れと　聞くからに
　　　　　　　　　　　　青畝

昭和十年の作、句集「国原」に収められている。

（150×50cm）

阿波野青畝

明治三十二年奈良県高取町に生まる。幼時、耳疾を患い難聴となる。虚子に師事。ホトトギス派に属す。東の秋桜子、素十、西の誓子、青畝と4S時代を展開する。

（永慶寺内　山門を入ってすぐ左側）

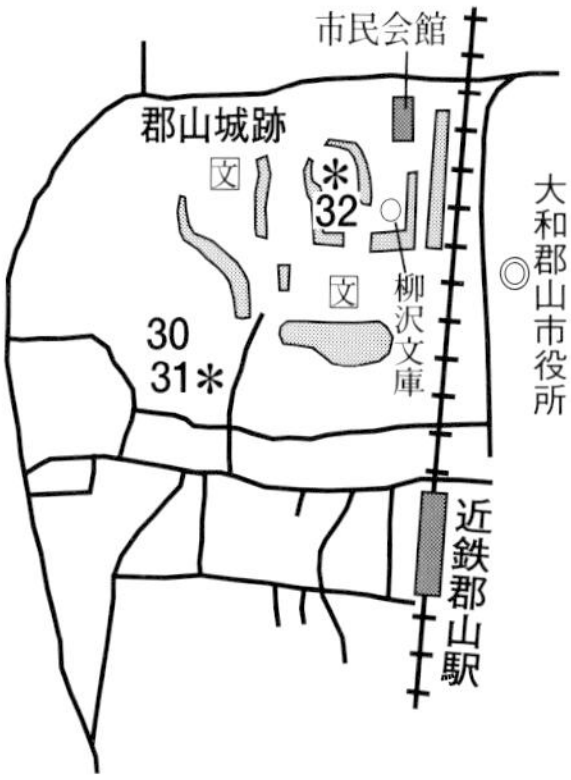

32 静山柳沢伯頌徳碑

（450×150cm）

柳沢保申《やすのぶ》、号静山の頌徳碑である。保申とはどんな方だったのであろうか、以下保申について述べてみよう。

柳沢保申（一八四六－一八九三）

幕末維新の大和郡山藩主、甲斐守、号は静山。三歳で家督を継ぎ、文久三年、京都にて尊王攘夷派の鎮圧に、同年八月天誅組の乱にあたり、高取城、十津川郷、高野山に出兵。明治元年、戊辰戦争にて会津征討に出兵。同二年、郡山藩知事。後、竜田・広瀬・日光・久能山の宮司を歴任、又郡山に六八銀行を創設した。同二十六年没、四十八歳。とあった。

立碑は明治三十年十月、撰文は伯爵東久世通禧、書は子爵柳沢徳忠《のりただ》。この書は一点一画をゆるがせにしない謹厳な隷書である。特に書に秀れた名を持ち合わせていなくてこの見事さ、さすがはこの時代に生きた知識人の面目躍如たるものがある。

（大和郡山市郡山城内　柳沢神社右奥）〈地図45頁〉

33 安養寺 題額・寺標

（90×180cm）

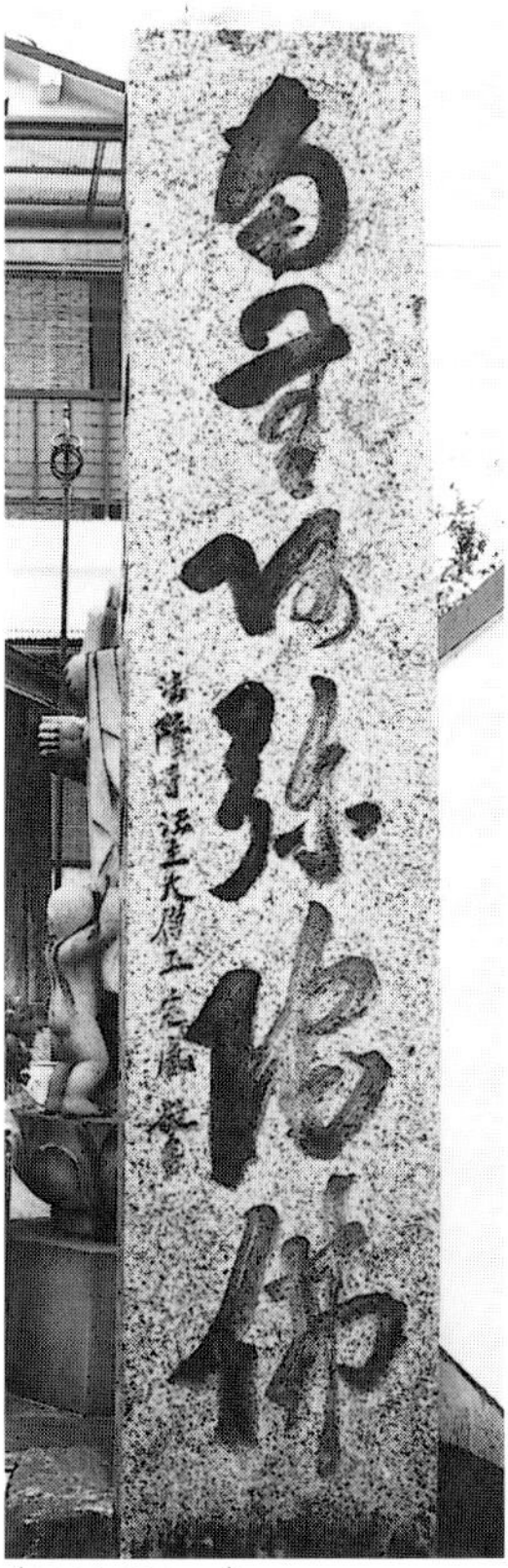
（180×37cm）

大和小泉に、安養寺という寺がある。堤の上から、古色ゆかしい寺をみて是非お邪魔したいものだと思っていた。今伺ってみると水害を防ぐためか、寺は持ち上げられ本堂は二階になっていた。さして広くはない正面に背丈ぐらいの大きな寺標がある。正面には「不退山」、これは元総理の鳩山一郎氏の書、その下に「小泉城主四郎左衛門遺跡地」とある。それでこの寺の由緒がわかるというものである。昭和十一年七月の立碑である。

碑の横に「南無阿弥陀仏」。法隆寺の管長佐伯定胤さんの書である。この方の書は素朴、雄大、気迫にみちていて深い。私は定胤さんは慈雲尊者の再来だと思っている。誇るべき大和の宗教家、学者、書人である。

本堂正面の明誉書の「不退山」の木額とともに一日散策の価値はある。

（大和郡山市小泉町五四四　安養寺内）

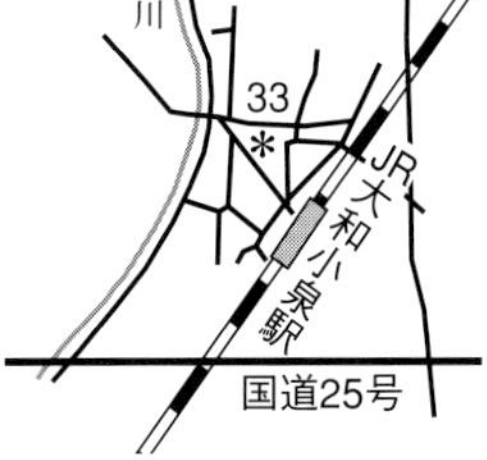

34 法隆寺 正岡子規句碑

柿くへば　鐘が鳴るなり　法隆寺　子規

「法隆寺の茶店に憩ひて」の前書きあり。世に喧伝《けんでん》されたこの句碑は境内の池畔にある。花崗岩の切り出し、前面を磨いたのみの風雅なつくり。子規が茶店で柿を食っていると、日本の歴史を凝縮したかのように寺の鐘が鳴った。この句、余韻嫋《じょう》々掬《きく》すべきである。

（153×38cm）

碑の裏面に「明治二十八年秋、子規が書いたもの。自筆の原稿を拡大して刻したもの。大正四年青々記」とあり。青々（松瀬）が子規の自筆の原稿を碑にあわせて拡大し、刻した事がわかる。ここにも法隆寺の新しい歴史がある。

正岡子規

俳人、雑誌「ホトトギス」創刊。肺結核に苦しみながらも、俳句の革新運動につくす。書画にも堪能であった。明治三十五年没、三十六歳。

（生駒郡斑鳩町法隆寺山中一―一　法隆寺内）

35 和爾下神社 歌塚碑

天理から国道一六九号線を北に進むと、右手に和爾下神《わにしたじん》社《じゃ》の大鳥居がある。そこを右に折れ参道を暫く進むと左に児童公園。その横に小塚があり、そこはこんもりと茂った樹木におおわれている。そこが柿本人麻呂の墓だと伝えられている所である。そこに「歌塚」の碑がある。

見事な書である。豪快な書である。それは草書でしたためられている。刻も十センチと深い。

裏面の碑文は「享保壬子年三月」とよめる。享保壬子年とは享保十七年（一七三二）の事であり、今から二百七十年も前、この年にこの碑が立てられたという事になる。筆者は後西條天皇の皇女宝鏡尼《ほうきょうに》との事、すごい書を書かれる女性がおられたものである。

宝鏡尼とはどんな人だったのであろうか？

この雄大の書をなしたのは天下にただ一つの天皇家の血脈を引くがゆえなのであろうか？

その威容は忘れられない。

大和の碑の傑作の一つであると言えよう。

（天理市櫟本町　和爾下神社参道奥　児童公園内）

（153×62cm）

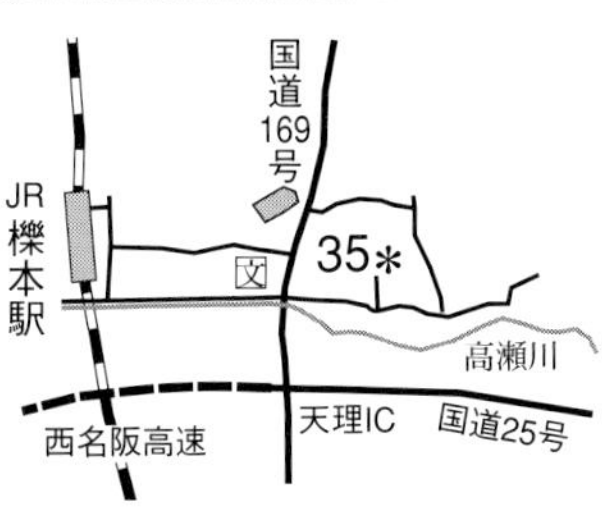

36 文房具卸商 題額

田原本町を南北に通ずる旧道に「文房具卸商」がある。鍵岡という。昭和初期頃に建てられた重厚なつくりの二階建て、そこに表記の看板がかかっている。

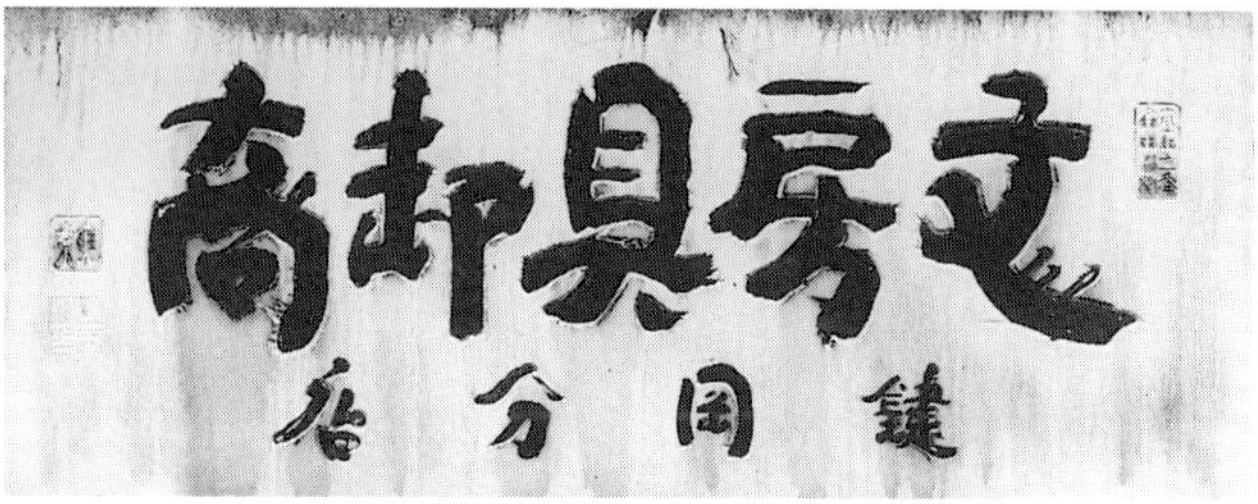

これがまたいい字である。書を学んだ方であろうが、常識的ではない。構えが大きい。この書は個性的であって人の残滓《ざんし》をなめた所がない。

筆者は中谷釜雙《ふそう》、釜雙さんは今井凌雪先生の師にあたる。旧制郡山中学で教鞭をとられ、史邑門下でつとにこの名を喧伝《けんでん》された。戦前は二王の書の全盛期であった。それに中谷さんの目はそれを凌駕していた。清代の鄭板橋《ていはんきょう》に着目されていたのである。

私が初めて先生の書を目にしたのは戦後発足した大和書道会の第一回展の時である。並みいる審査員の中で釜雙先生の書はずば抜けて、奇異なものであった。駆け出しの私にはその書はとても理解の出来る代物ではなかったのである。その目はその技は既に三十年も先を見ておられたのである。

この看板の書も一寸変わった所が見られるであろう。「文」字の四画目の右払い?の三つの線、これは篆書から。「房」や「具」の横画の最後の払いは隷書の波磔《はたく》からと枚挙《まいきょ》にいとまがない。

先生、戦後は県会議員に出馬、二期つとめられたと思う。今までの趣味が高じて山程あった硯や文房具、陶磁器などは、出馬のときみんなお金にかえられたとか。

二回ほど南風会合宿の講師として吉野へお越し頂いた事がある。

（磯城郡田原本町五〇〇　近鉄田原本駅より東約二〇〇メートル）

大和の碑

橿原市《かしはらし》・高市郡《たかいちぐん》（明日香村《あすかむら》）

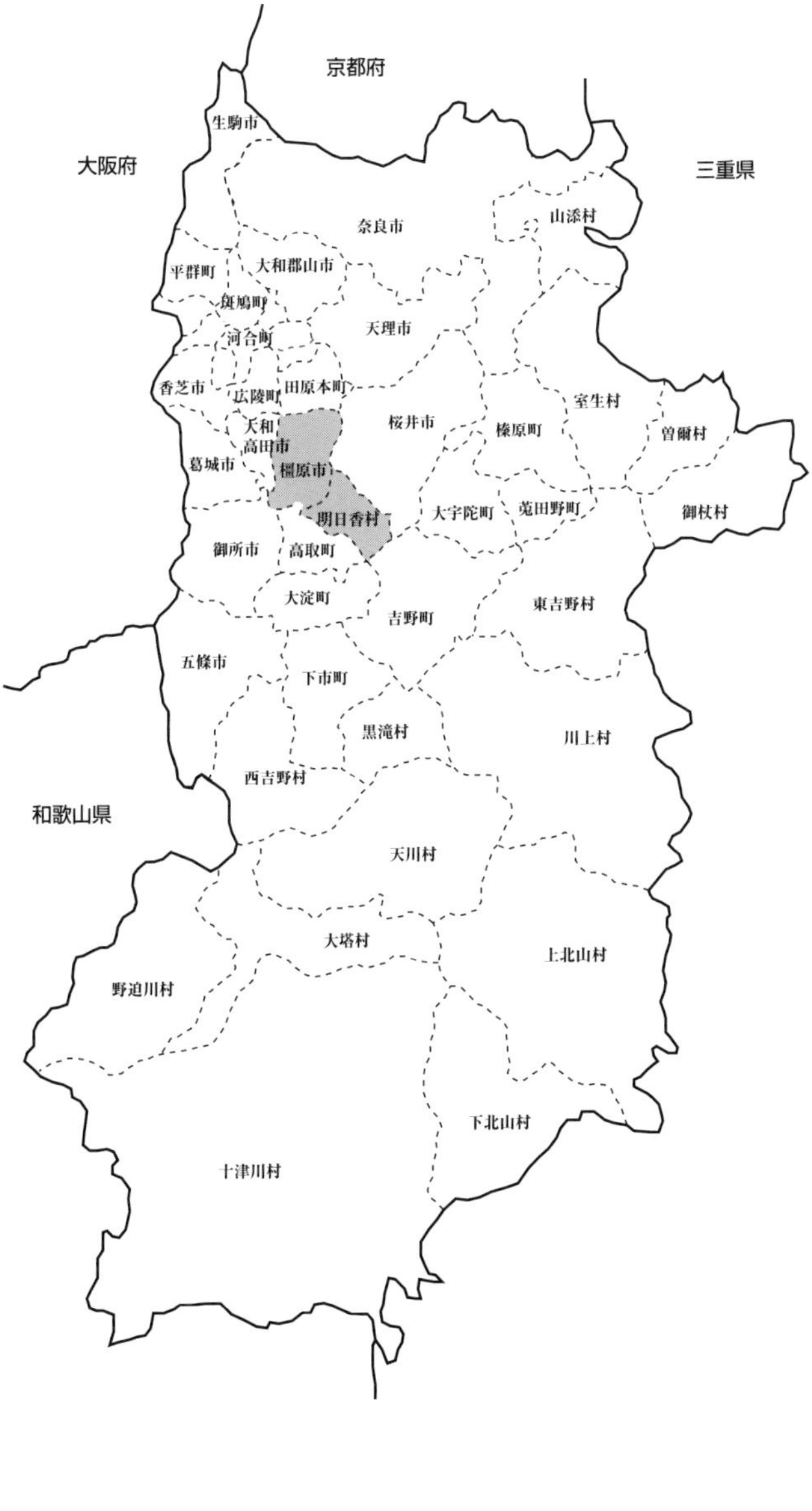

37 橿原神宮 社標

近鉄橿原神宮前駅正面口を出た所、左の植え込みのなかに「橿原神宮」と隷書《れいしょ》でしたためられた巨碑がある。

正面に「橿原神宮」―横画がのびやかに動きよく見ると波磔《はたく》の跡が見てとれる。漢碑を基とした骨法の正しい隷書である。側款《そっかん》に「大正四年十一月建立」とある。日下部鳴鶴の晩年、七十八歳の作である。

鳴鶴とは一体どんな人物だったのであろうか。左にしるす。

天保九年―大正十一年。明治初年、太政官に任じ、大久保利通《おおくぼとしみち》に厚遇されたが、大久保公の遭難を機に官を辞して書に専念した。楊守敬《ようしゅけい》に益を受けて碑学《ひがく》派の書を学び、六朝《りくちょう》書道の泰斗《たいと》となり、比田井天来外、数多《あまた》の門人を輩出した。明治大正書壇の第一人者である。

（橿原市久米町　近鉄橿原神宮前駅正面出口西側植え込みの中）

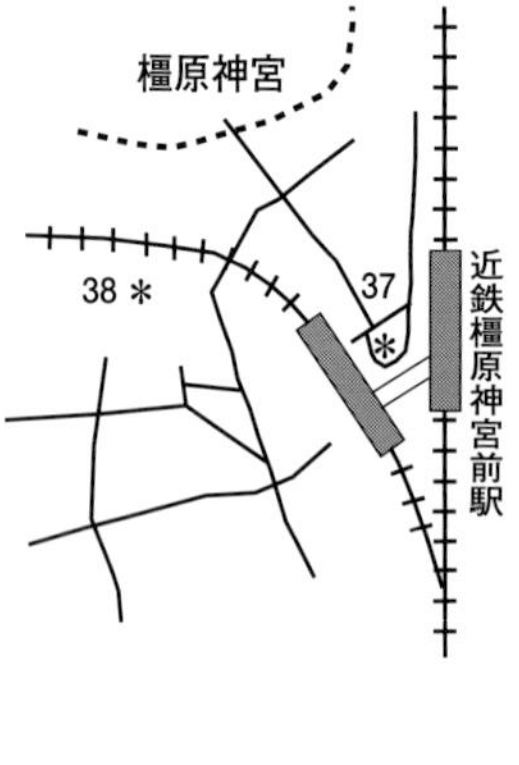

38 久米寺 益田池碑

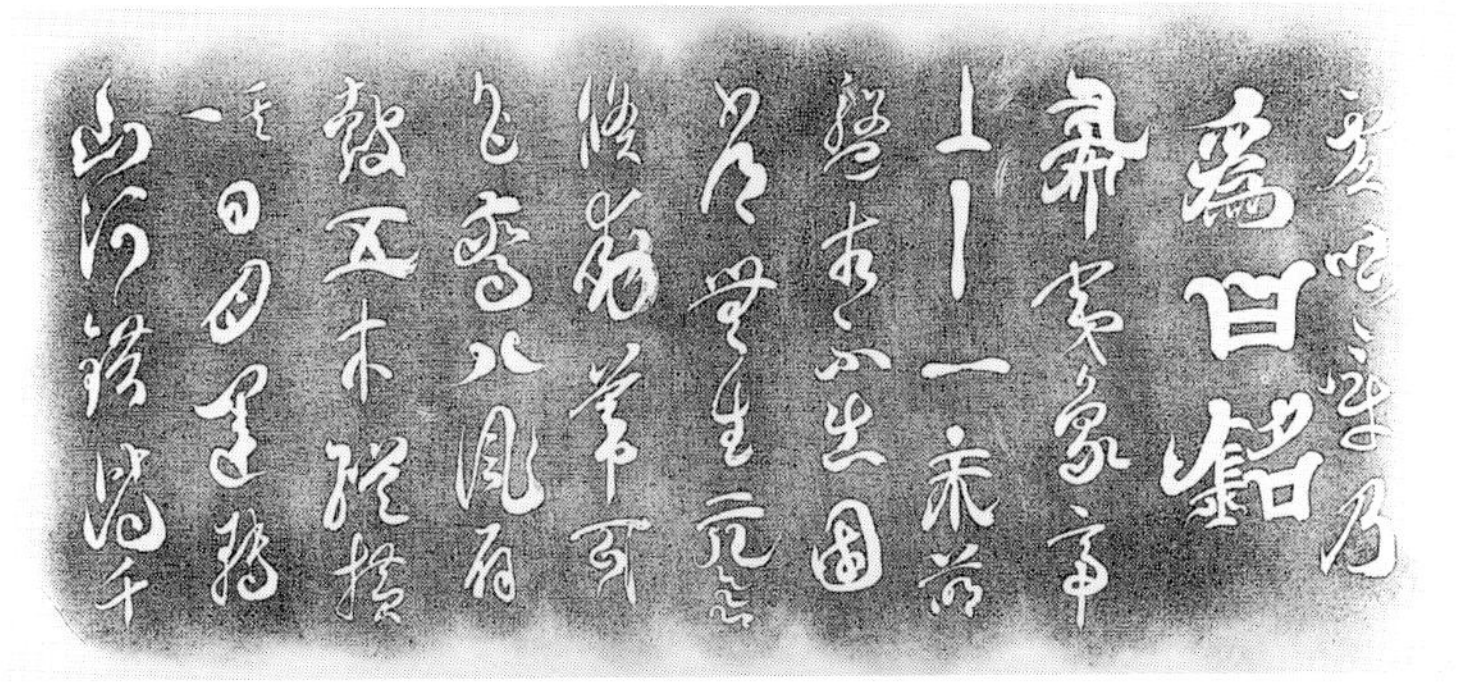

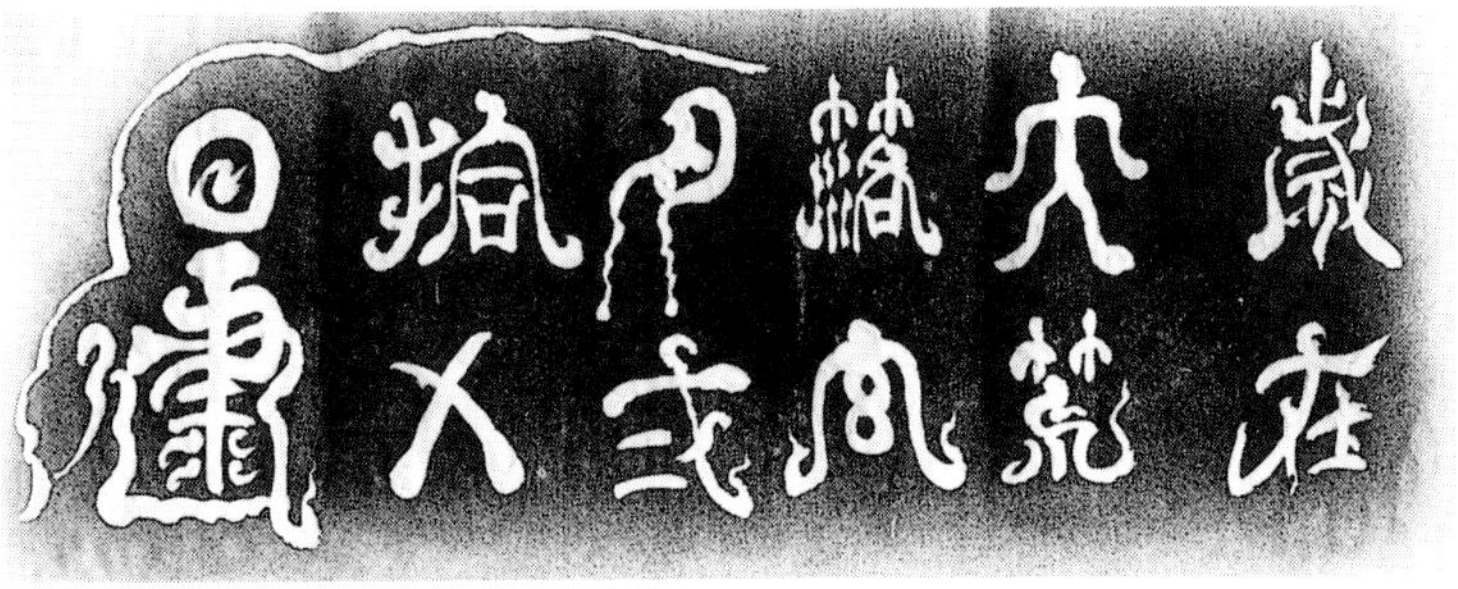

（35×88cm）

大きな碑である。橿原神宮の南、久米寺に紫陽花の花に囲まれてそれはある。益田池（現在池はなく、団地になっており堤防の一部を残す）は久米寺より南に約千メートル。川をせきとめ、池を造りその由来を記したのが益田池碑である。原碑は池畔にあったが、近世高取城築城の際、運び出されたと伝えられる。今境内にあるそれは明治三十年頃、高野山にある弘法大師と伝える筆跡から新たに刻したもので、字々実に鮮明である。大師五十二歳の作。

この碑は世に言う大師流で書かれたもので、その書の奔放なまでの創造性は大師の天与の才を証して余りあるものである。

虚吐章。乃爲曰銘。
希夷象帝上ｌ一未萌盤〔古〕不出
國常無生元氣倏動葦牙乍驚八風扇鼓
五〈才〉縦横其一日月運轉山河錯峙千
（写真上）

歳在大荒落玄月貳拾五日建（写真下）

（橿原市久米町五〇二一　久米寺内）〈地図52頁〉

39 称念寺 明治天皇駐蹕之処碑

江戸がそのまま今に残っている橿原市今井町。その町を形成する基となった称念寺、その境内にこの碑がある。碑は大きく三メートルになんなんとする。その書は威風堂々、実に見事な出来映えである。明治、大正時代を風靡した日下部鳴鶴の書に酷似している。

筆者は波多野敬直。

そしていかにも明治の人らしく、碑陰に宮内大臣正三位勲一等男爵波多野敬直謹題といかにもいかめしい。

この方もさして書道史上名のある方ではないが、この書に象徴されるように、この時代の教養人としての書の素養はかくのごとくであった。この書、はっきり読めて実に堂々としている。

碑の背面に「大正四年十月二十五日建之」とある。

「駐蹕《ちゅうひつ》」とは見なれない文字であるが、天子が行幸の途中に一時、御車を止め賜うこと、一時その地に在留せられる事とあり、駐輦《ちゅうれん》、駐駕《ちゅうが》、停駕《ていが》などと同意である。ちなみに蹕《ひつ》は天子の行幸、又その車のこと。正字通に、「天子行在之所曰駐蹕」とある。

（橿原市今井町三―二―九　称念寺内本堂前）

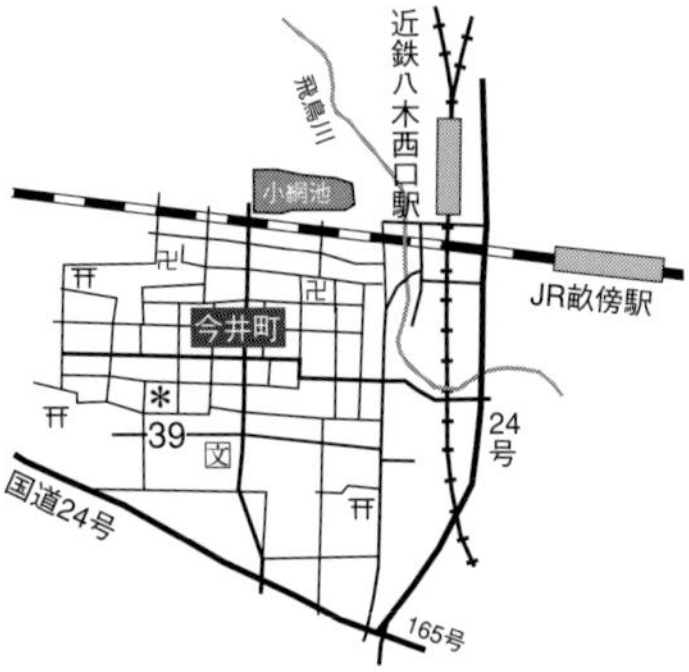

40 万葉歌碑

草枕　たびのやどりに　誰が夫《つま》か
国忘れたる　家またまくに
万葉集巻三―四二六　作者不詳

文化勲章受章作家で書家、大阪教育大学の教授、源氏物語の研究者、杉岡華邨先生の書である。

先生はかなを尾上柴舟、日比野五鳳氏に学ばれ、平安期の優雅なかな文字を現代によみがえらせた一人。さすがに練れた味わいのある線、線の方向の多彩なる、行の流れの自然なる、やはりかなの書の究極を極めた人の作である。

この碑は天の香具山の北、橿原市南浦町古池の堤防にある。

（橿原市南浦町　古池畔）

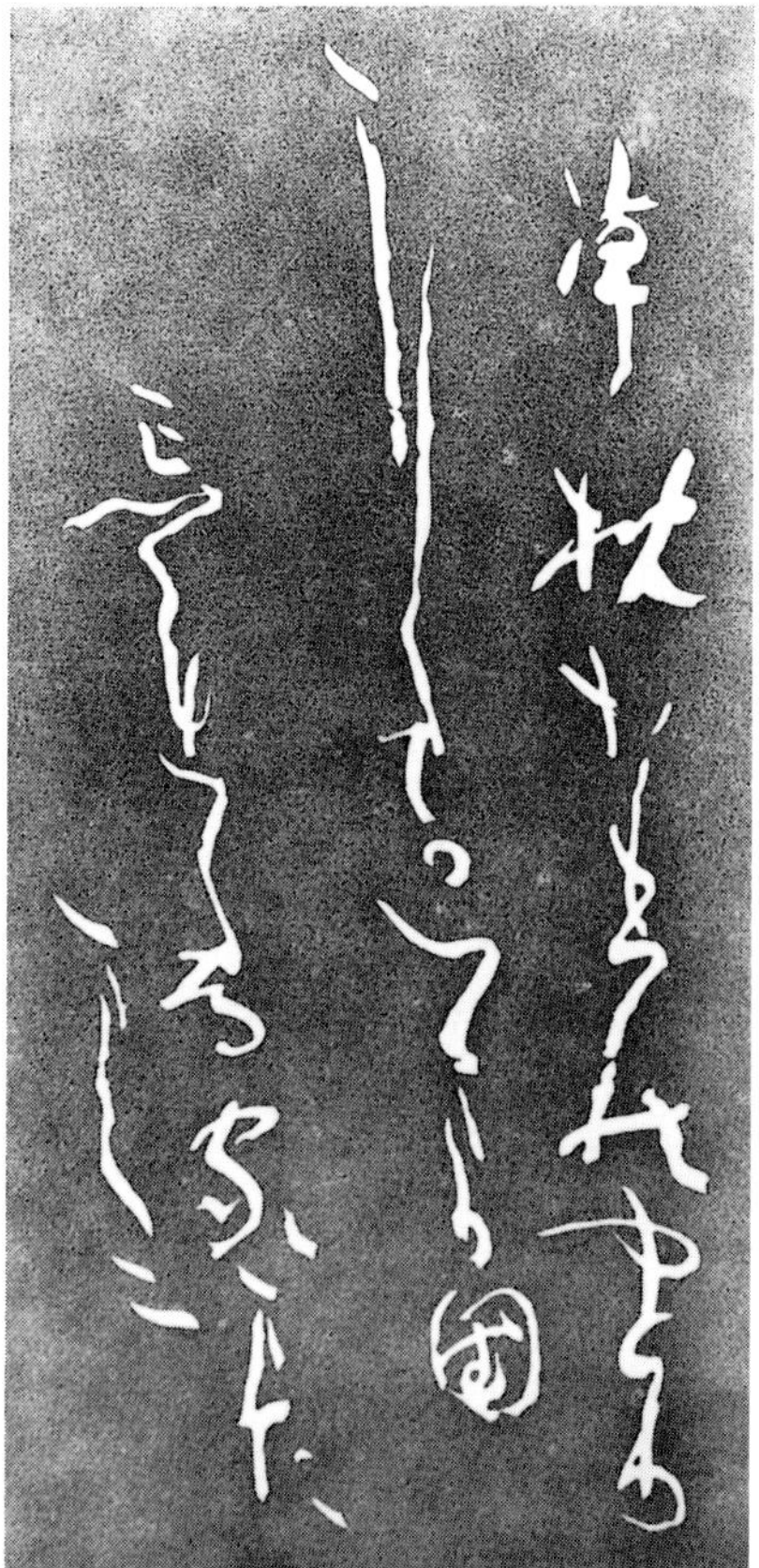

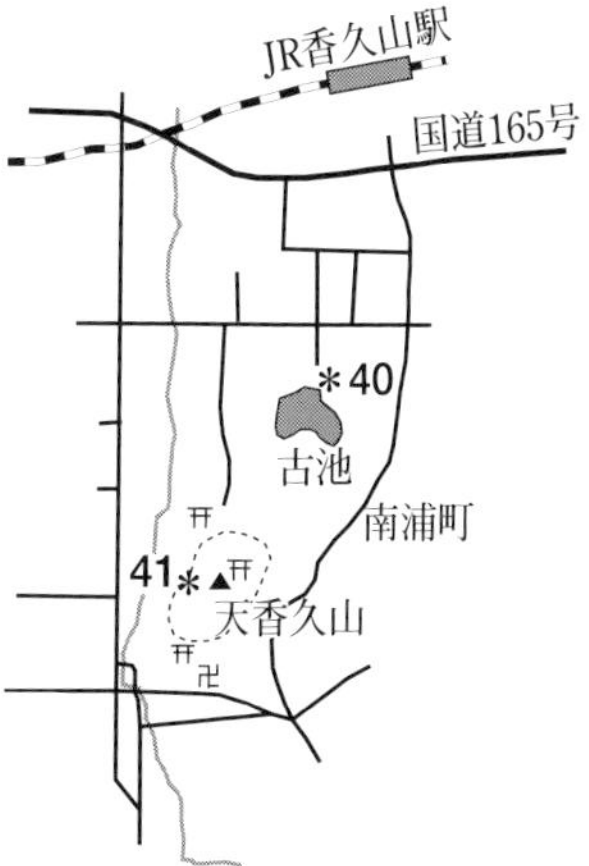

41 香具山 舒明天皇歌碑

山常《やまと》には村山有れど、取りよろふ天の香具山、騰《のぼ》り立ち国見をすれば、国原《くにはら》は煙《けぶり》立ちたつ、海原《うなばら》はかまめ立ちたつ、うまし国ぞ蜻蛉嶋《あきづしま》、やまとの国は。　万葉集巻一―二

八釣《やつり》街道の道標から山路をのぼる。アスファルトの道がつづき、やがて消えて土の道に。ここは香具山の中腹。ここからは大和盆地が指呼の間に一望出来る。ここに碑がある。碑は大きくて立派なものである。書は元暦校本《げんりゃくこうほん》より集字したもの。さすがに文字は流麗にして品がいい。

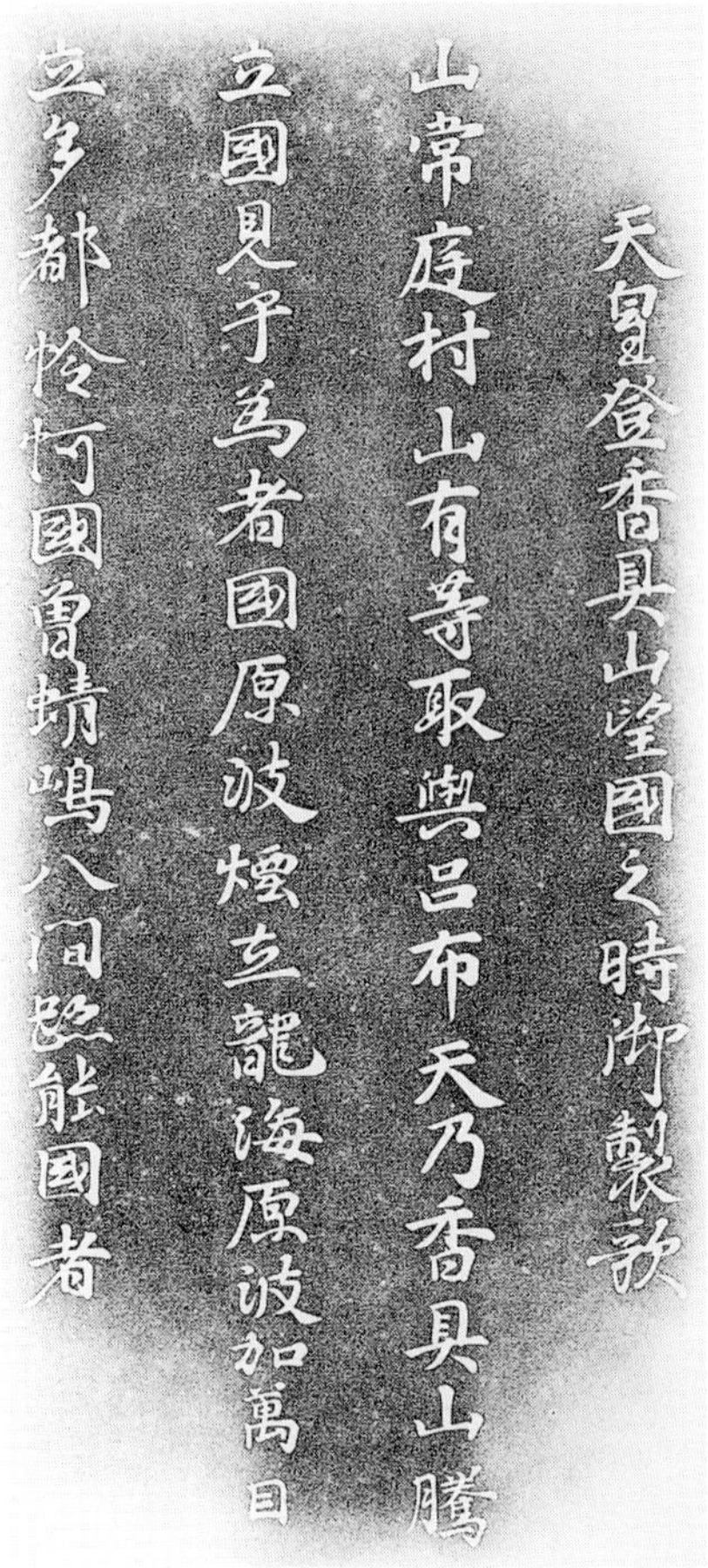

（135×70cm）

舒明《じょめい》天皇御製の意味は、

大和には多くの山があるが、とりわけてりっぱに装っている天の香具山。その頂きに登りたって国見をすると、国原には炊煙があちこちから立ち、海原には鴎が飛びかっている。美しい国よ、あきづ島大和の国は。

立ちのぼる煙、飛びかう鴎、民の暮らしは豊かである。国見は天皇が五穀豊穣を祈念し、神の天下る山や、宮中の高殿から国原を見おろす儀礼の事で蜻蛉は豊作のしるしと考えられた。

（橿原市南浦町　香具山登山口入口）〈地図55頁〉

42 飛鳥大仏碑・松瀬青々句碑

飛鳥寺は我国最初の勅願寺である。

その門前―今は駐車場になっている所に寺標がある。

飛鳥時代の礎石の上にそれは立っている。一二〇センチくらい。大きい碑ではないが、書の風貌は大きい。「飛鳥」は悠々と羽ばたく大鳥を連想させる。屈託のない文字である。しかし「仏」の所に来てちょっととまどったのか、つまったのか、やや窮屈さを感じさせる。しかし、おおらかでゆったり。飛鳥寺にはまことにふさわしい碑である。立碑は寛政四年。

寺域内に碑が林立するがちょっと目を引く碑を一つ。松瀬青々の句碑、自然石に直径五五センチの円をくり抜き、写真でおわかりのように、飛鳥大仏と上1/3に、その下に、「ましまして斗帳に花の 主かな」の句を入れる。誰が考えたのか、新しい句碑のデザインである。

（高市郡明日香村飛鳥六八二　飛鳥寺門前）〈地図58頁〉

43 飛鳥坐神社 社標

どなたの文字であろう、実に温雅な文字である。筆者についてお聞きした事はないが、この古雅な文字はこの古い式内大社の飛鳥坐神社《あすかにいますじんじゃ》を、古の都飛鳥を、端的に表明しているようである。

三メートルになんなんとする碑である。その書の飄々たる、古雅な味をふくみ持つこの碑は、やはりここにあるべくして建てられたものであると言えよう。河東碧梧桐―瞬間その人の書がひらめいた。

後日神社にお聞きした所、筆者は不明との事だった。

（高市郡明日香村飛鳥七〇七　鳥居右横）

大和の碑

桜井市《さくらいし》

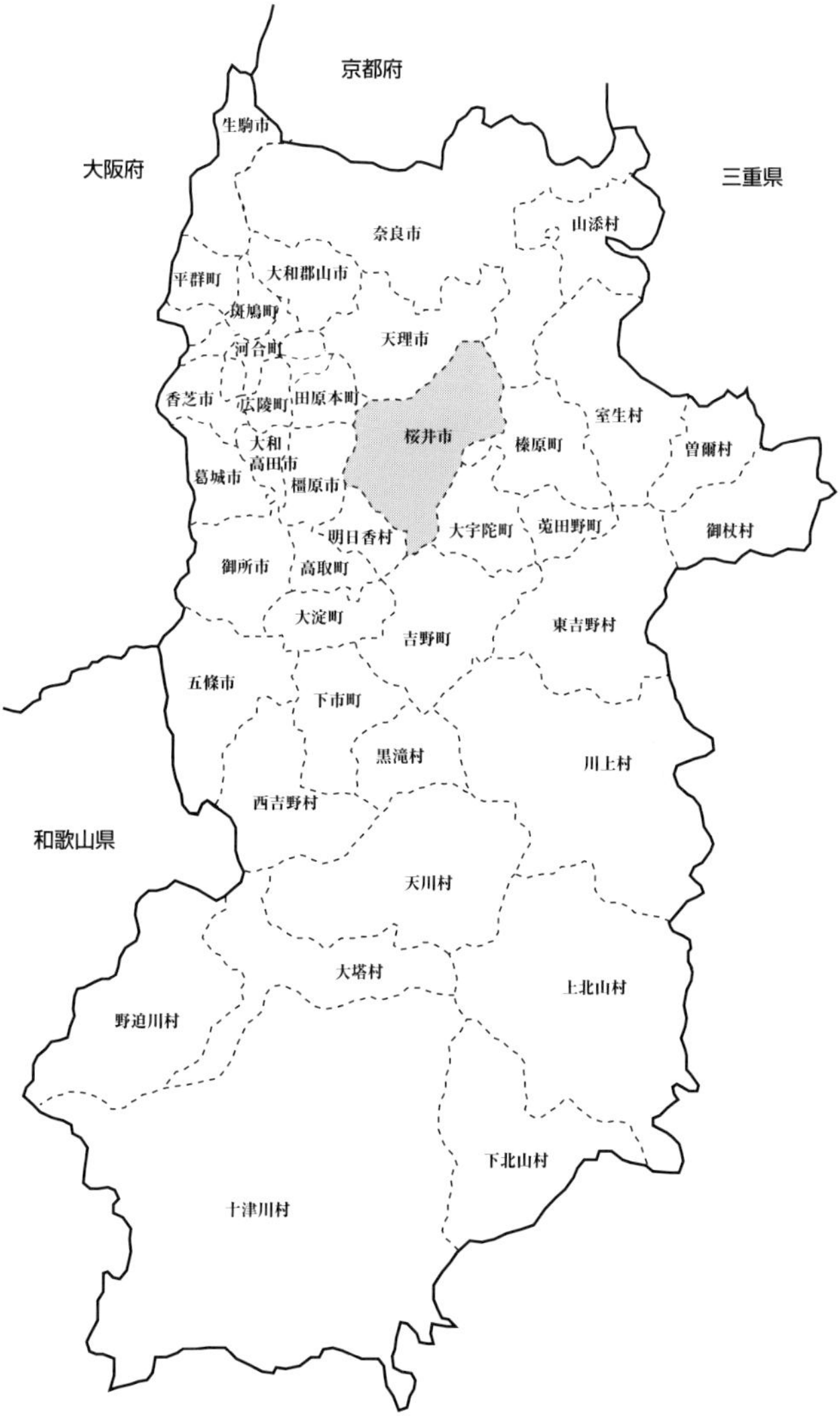

44 額田王歌碑〈一〉

「天の夕顔」で知られる作家中河与一の書である。

この歌碑は、景行天皇陵のやや南、三輪山を望む絶景の場所にある。そこからは、古の大倭が目前にひろがっている。

額田女王歌

うま酒　三輪の山

あをによし　奈良の山の

山の間に　いかくるまで

道のくま　いさかるまでに

つばらにも　見つつ行かむを

しばしばも　見さけむ山を

心なく雲の　かくさふべしや

反歌

三輪山を　しかもかくすか　雲だにも　心あらなむ　かくさふべしや

歌の大意は次のようだ。

なつかしい三輪山よ。この山が奈良の山々の間に隠れてしまうまで、また行く道の曲がり角が幾つも幾つも後ろに積もり重なるまで、十分に眺めて行きたい山であるものを、たびたび振り返っても見たい山であるものを、無情にもあんなに雲が隠してしまってよいものだろうか。

名残惜しい三輪山を、どうして雲があんなに隠すのか、人はともかく、せめて雲だけでもやさしい情があってほしいものだ。それをなぜあんなに隠すのであろうか。

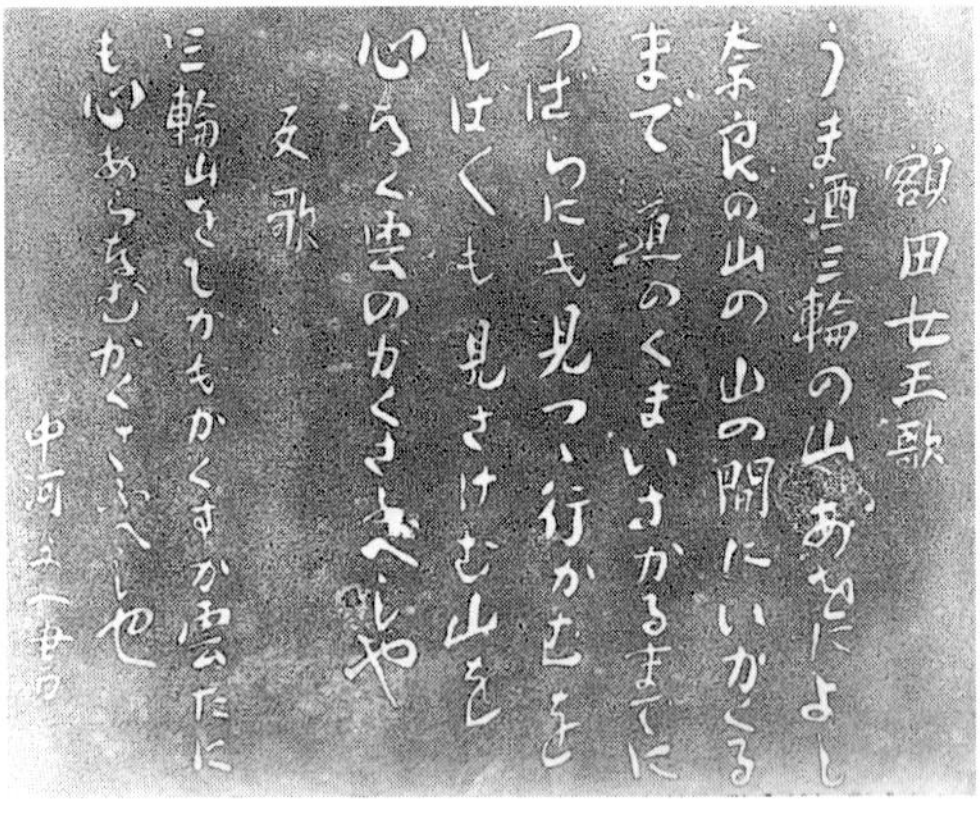

この書、さして上手いとは言えないが、筆の芯を線の中心にあて、筆を自然にまかせて遊ばせている所はさすがである。

静かで心のこもった書といえよう。

中河与一（一八九七―一九九四）

昭和期の小説家・新感覚派の作家、文体が平明で詠嘆的。抒情性の濃い作品が多い。「天の夕顔」はその代表作。

（桜井市巻野内　山の辺の道　景行天皇陵近くの三叉路の角）〈地図125頁〉

45 柿本人麿歌碑

三輪山を右に由槻嶽《ゆつきがだけ》を左手に、箸中の道を東に進むと右手川べりに一群の竹薮がある。もう三輪山が指呼《しこ》の間に迫っている。川の流れも快いリズムを奏でて勢いよく下る。その川を巻向《まきむく》川という。そこの竹薮を少し下った所に歌碑がある。棟方志功の書画である。左上を山とも雲とも知れぬ呪術的《じゅじゅつてき》な線画が占める。本によると、それは太陽と月暈《つきがさ》だと書いてある。そんなことはどうでもよい。何かこの碑を見ると興奮するのである。原日本人の魂の咆哮《ほうこう》を感ずるのである。

痛足川《あなしがわ》　川波立ちぬ　巻目《まきもく》の
由槻が嶽に　雲居《くもい》立てるらし
万葉集巻七―一〇八七　柿本人麿歌集

歌の意味は、穴師川に川波が立っている。巻向山の由槻嶽に雲が湧きあがっているらしい。

一陣の強風が穴師川を打ち、川波が騒ぐ。草木が靡散《びさん》する。由槻嶽に雲が湧き上がっている。山雨はまさに至らんとするのだ。

棟方志功はいわずとしれた世界的な版画家。代表作に「釈迦十大弟子」「女人観世音板画巻」など。

（桜井市箸中東谷　箸墓南側の道を巻向川に沿って南東へ　桧原神社への道中にある竹やぶの中）〈地図125頁〉

46 山辺道 道標

小林秀雄は筆をとるのを極度に嫌ったそうである。それを当時の桜井市観光課長が無理に口説きおとして執筆して頂いたのがこの「山辺道」の道標。

この道標は大三輪神社、玄賓庵《げんぴんあん》をよぎり、道が大きく左折するそのすぐ右、松の巨木の根かたにある。

右になだらかに三輪山の松、左にせせらぎを響かせる谷川、細い道、そこに立つ道標。それはいかにも自然で万葉の時代に私達を引きこんでくれる。

書も自然で気取らぬのがよい。

小林秀雄（一九〇二―一九八三）
昭和期の評論家。東京生まれ。
（桜井市三輪一四二二　桧原神社南一〇〇メートル）

〈地図125頁〉

47 大神神社 門前題額

（66×160cm）

大神神社《おおみわじんじゃ》の大鳥居の左にこの木額がかかっている。「幽玄」。いかにも大神神社に的確の語。また私はその書にも魅かれる。殆ど書法らしきものはない。ただ筆をおいて、そのまま下に引き点を二つおき、後は禿筆を縦横縦と、最後は上に筆を放ったものと思われる。それでいて一気に幽玄の雰囲気を表出した。

私はこの書に接すると何故か薪能を想い出すのである。原初の書とはこんなものであったのだろうか――と。

文に曰く、

「探幽入玄談玄口不開
不言大教言外之教即
随神之大道也」

筆者は福田青山。書を書いては各社寺に寄進して回られた方とか。

（桜井市三輪一四二　大神神社鳥居の左側）〈地図125頁〉

48 平等寺 寺標

「この寺は、五八一年聖徳太子が賊徒を平定するため三輪明神に祈願し、賊平定後十一面観音を刻んで寺を建立し、大三輪寺と称したのにはじまる。鎌倉時代初期慶円上人を迎え平等寺と改称、大伽藍が再建された。江戸時代には修験道として栄え、大峰山に向かう修験者が境内にある不動の滝に打たれて行をした。」

案内板はこのように書いてある。

平等寺とは大三輪神社の正面右を上がっていった所にある。

ここは三輪社奥の院と書かれているように神仏混淆の寺、比較的大きな伽藍である。

入口に「三輪山平等寺」と書かれた大きな寺標。この書は触れれば切れるような峻烈《しゅんれつ》な線で書かれている。弘法大師の書、下っては国定教科書の筆者鈴木翠軒に通じる鋭く強い切れ味を示す。

後に再度寺院を訪れる機会あり、碑側を見るに落款あり。「永平高祖道元禅師御真筆中集字」とある。それでこの書が道元禅師のものと判明した。

弘法、道元はやはり根本において相通ずるものがあったのである。

（桜井市三輪三八　三輪山平等寺入口）〈地図125頁〉

（400×50cm）

49 白玉屋 題額 他

①

②

三輪は、やはり古い町である。まだこんな看板が街のあちこちに点在しているのである。ちなみに三輪地区は中世の平等寺や大神神社の門前町、伊勢街道や上街道の交わる要衝の宿場町として栄えた。本瓦葺きに格子戸、その上に「創業弘化 白玉屋」の看板が本格的な屋根を載せて一層目の屋根に鎮座まします。さすがに旧家のたたずまいはいい。

文字は金箔で化粧されている。その丸い温和《おだや》かな書はわが日の本の江戸の時代を象徴しているのである。

ちなみに弘化元年は一八四四年に当たり今から一五四年前、その頃の創業というからここは古い土地柄なのである。なぜか、おっとりしてますね。ゆったりしてますね。人間もゆったりのんびりしていたのでしょうね。

隣に今西酒造株式会社がある。ここは築百年あまり、その連子窓に二つの看板が。「三諸杉」は古い看板だと思われる。文字はじつにしっかりとしている。字間も充分にとり、それを押さえるだけの筆力がある。「鬼ごのみ」は最近のものだと思われる。「三諸杉」にあわせて木材を切りデザインを統一した。そして誰か?今の人が揮毫したものであろう。デザインは統一したものの、やはり時代は争われない。文意を体してか、少々荒くれた書きぶりで刻になった。二つは少々異質なものを残しながら、いい調和を見せている。「店主の好みの良さが古い街に又いい趣を加えた」と書いた所、これも後日譚だが、筆者は日本伝統工芸作家の山中俊彦という若い方らしい。立派な方がおられるのにびっくりした。

（①白玉屋・桜井市三輪四九七　②三諸杉・鬼ごのみ・桜井市三輪五一〇）〈地図125頁〉

50 額田王歌碑〈二〉

桜井市の芝運動公園の入口から、約五十メートル西の広場に三輪山を背に西面して立っている。

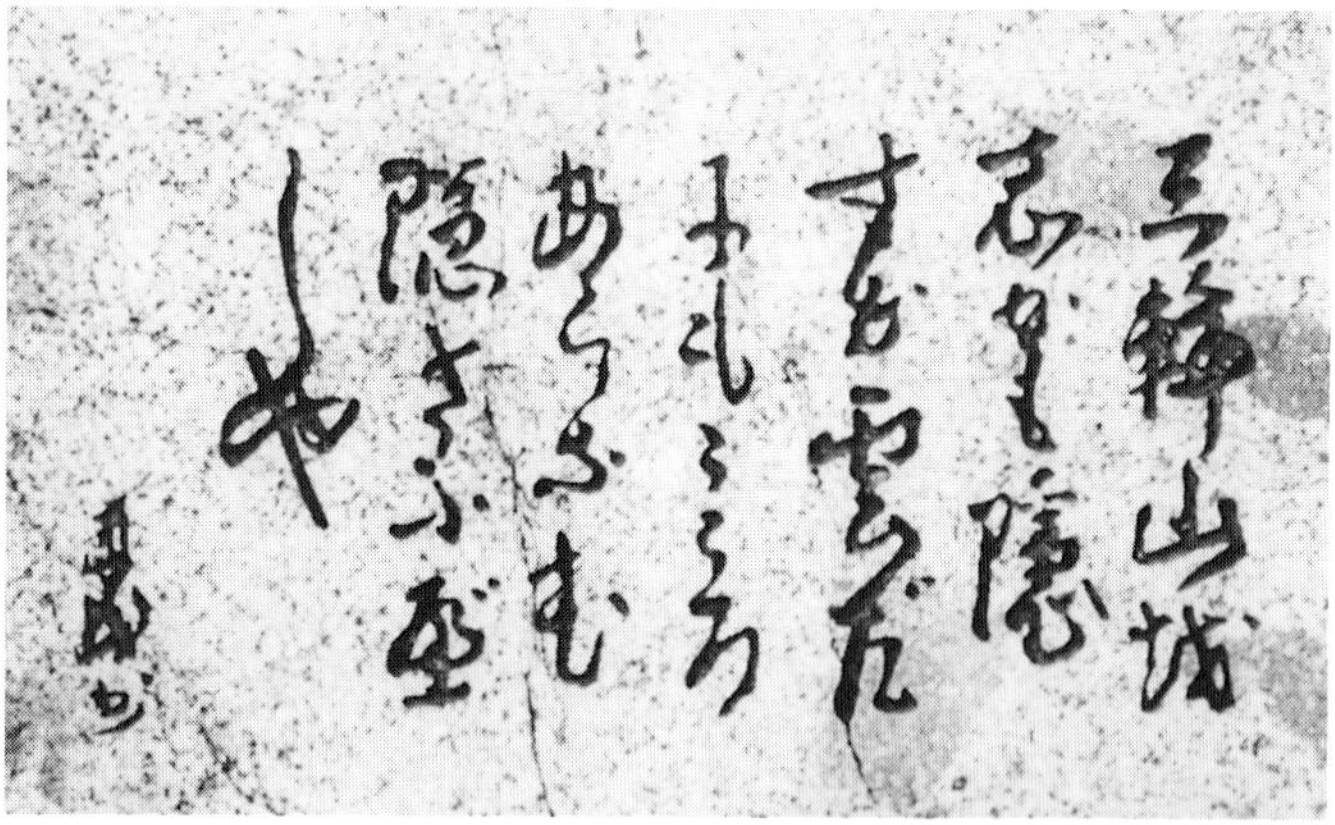

（40×65cm）

この万葉の歌には次の題がついている。「額田王《ぬかたのおおきみ》近江の国に下れる時に作りし歌」とあり、天智六年（六六六）、近江遷都の旅の途中、額田王が作ったとされている。

この碑に書かれた歌は長歌に対する反歌の部分である。かつて川端康成が軽井沢で興にまかせて楽焼きに染筆した壷を天理市在住の作家上野凌弘氏が譲りうけ、大切に保管していたものを原形として刻んだものである。

三輪山を　しかも隠すか　雲だにも
　こころあらなむ　隠さふべしや
　　万葉集巻一―十八　額田王

意味は、名残惜しい三輪山をどうして雲があんなに隠してしまうのであろうか。人はともかく、せめて雲だけでもやさしい情《こころ》があってほしいものなのに。

この書は毛筆で書かれているので康成の特徴がよく出ている。運筆は一筆ずつ慎重に気をこめて書かれている。康成氏の粘液質《ねんえきしつ》の体質がもろに出ている、いい作といえよう。

（桜井市芝　芝運動公園内　西側奥の広場）〈地図125頁〉

51 長谷寺 万葉歌碑

隠国《こもりく》の　泊瀬《はつせ》の山に　照る月は
盈昃《みちかけ》しけり　人の常無き　巻七―一二七〇

「隠国の」は人の隠れる所、即ち墓所、「泊瀬」は人の果つ谷、初瀬《はせ》は四面を山に囲まれ北山に南面して初瀬寺（総本山長谷寺《はせでら》）がある。

ひえびえとした山気が膚をさす夕暮れ時などは人間の、いや、生あるものすべてへの無常に思いを馳せるに最適の場所といえる。

筆者の林武（一八九六―一九七五）は、洋画家の重鎮、日本フォービズムの巨匠である。父は高名な国学者。重厚な線、緊密な構成、大胆な運筆。代表作は「十和田湖」「ノートルダム」、著書に「美に生きる」。一流の画家の書はさすがに一流である。山の辺の歌碑の中でも一、二を争う名筆といえよう。

（口絵⑩　桜井市初瀬七三一―一　長谷寺山門前左側井戸のほとり）〈地図68頁〉

（71×37cm）

52 長谷寺 題額

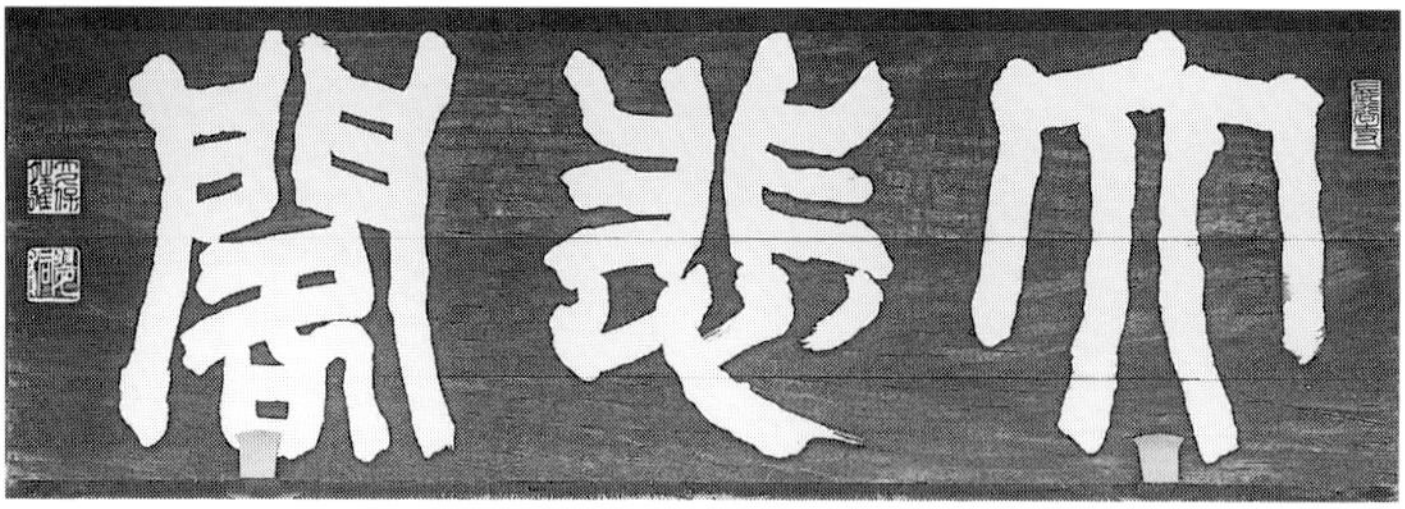

（130×360cm）

それはそれは大きい木額である。総本山長谷寺の本堂正面に懸かっている。「大悲閣」と。

ここ長谷寺は、山の中腹に建てられた大建築で、大和では—長谷の舞台から飛び下りたような—と比喩もあるぐらいの大舞台が前面にせり出している。丁度谷の向かい側の塔頭からもその大悲閣ははっきりと見えるのである。ちなみにその木額は目測で横三・六メートル、縦一・三メートルのそれこそ巨大額なのである。文字は篆書。

この程度の篆書なら一寸心得のある人だったら、読める文字なのである。

堂々としたいい書である。筆者は毎日展の審査員大久保翠洞先生。献納日は昭和五十二年とあった。

（長谷寺　本堂の正面）

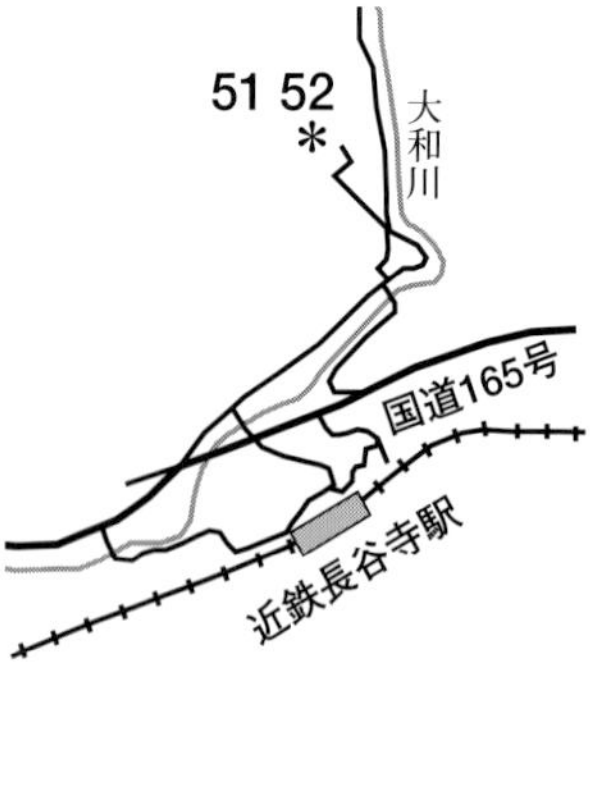

53 保田與重郎歌碑

鳥見山の　この面かのもを　またかくし
時雨は夜の　雨となりけり

保田與重郎の書。保田與重郎は桜井市生まれの文芸評論家だ。亀井勝一郎らと「日本浪漫派」を創設、万葉学にも造詣が深かった。

この歌は與重郎自作の歌である。自宅から見える鳥見山が段々時雨におおわれる。そしてやがて夜の雨に。その移ろいを静かに見ている與重郎。

この人の碑は桜井市を中心に比較的多い。どの字も飄々として、くずれているようで又盛りかえすといった態のものである。とらわれのないおおらかさ、屈託のなさが魅力的である。

下の拓本は額田王御歌、「三輪山を然かも隠すか雲だにもこころあらなむ隠さふべしや」六六ページに出てくる川端康成の同歌との書きぶりを比較するのも一興。

〈①歌碑：桜井市河西三二一　桜井市立図書館東庭　②拓本：桜井市大福七四七　桜井西中学校内　西から入って左側〉〈地図①70頁・②125頁〉

①（140×29cm）

②

54 等彌神社 佐藤春夫句碑

大和には　みささぎ多し　草もみぢ　　春夫

桜井から三輪、天理にかけて、実に御陵《みささぎ》が多い。盆地の東の山なみの先端部はみな御陵といってもいいぐらいである。

この句碑は文学者佐藤春夫の詩書。その書はゆったりとして、気分は大きい。

（80×58cm）

佐藤春夫（一八九二—一九六四）
大正・昭和期の詩人、小説家。和歌山県新宮市の生まれ。著書に「殉情詩集」「漢詩の訳詩集」「田園の憂鬱」「晶子曼陀羅」等がある。

（桜井市桜井一一七六　等彌神社《とみじんじゃ》境内）

55 間人大浦歌碑

国道を右に石橋を渡る。行く手は聖林寺、国宝十一面観音を安置した寺だ。小高い丘をめざして坂を上る。大石段の左右に小さな石仏、石垣の下、大松に寄り添うようにこの碑はある。

椋橋《くらはし》の　山を高みか　夜ごもりに
出でくる月の　光ともしき
　万葉集巻二―二九〇　間人宿弥大浦

椋橋の山が高いからだろうか、夜もふけてから、やっと姿を出してくる月の光は何と弱くとぼしいことよ。

三日月（初月）をよんだ歌である。大自然の静寂と幽邃《ゆうすい》を感じさせてくれる。

書は清水比庵。比庵は日光の町長であり歌人、書家。明快でわかりやすい歌風で、書もそれと同じく、明快である。

同時代の会津八一、河東碧梧桐あたりの書風に影響されたのであろうか、勿論同時代を生きた人なのだから、影響はされなくともそれらの書風は自然に目に入っていた事だろう。

そんな事より、作者の強い個性がこのおおらかな書を産んだのだと思われる。

（桜井市大字下六九二　聖林寺への石段の下）〈地図72頁〉

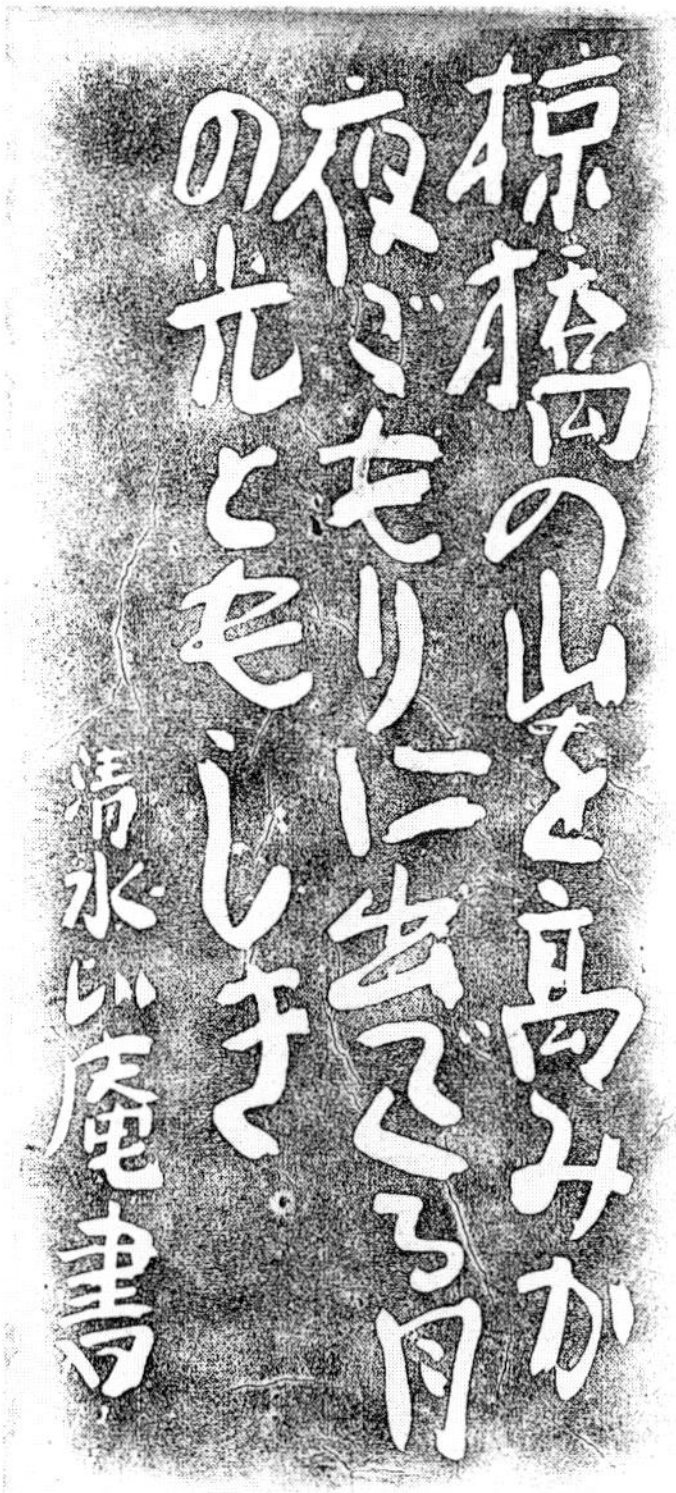

（62×29cm）

56 聖林寺 大界外相碑

天平後期の十一面観音で知られる桜井の聖林寺《しょうりんじ》の門前に立つ。この書は慈雲尊者の手になるものと思われる。石は近在の飛鳥石、その書の大きさ深さ、堂々たる風格はどうだ。いかにも天平仏を擁する古寺にしてぴったりの書だ。

慈雲尊者（一七一八—一八〇四）享保三年—文化元年。江戸後期の学僧。俗姓は上月氏、大阪生まれ。号を百不知童子、葛城山人。十五歳で仏門に入り、神・儒・仏を究め一代の大導師となる。特に梵学に関する研究業績は注目されている。

（桜井市大字下六九二　聖林寺門前）

「大界外相」については二一二頁を参照。

（140×29cm）

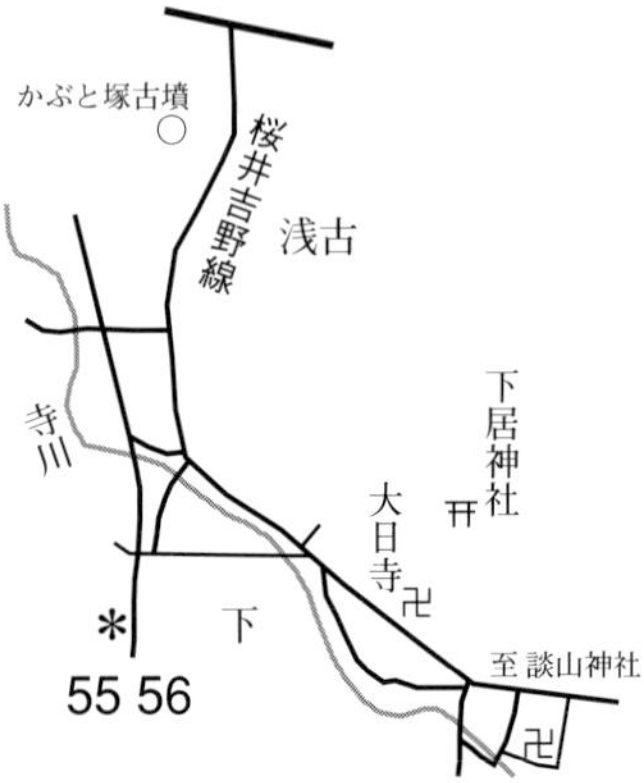

57 道標

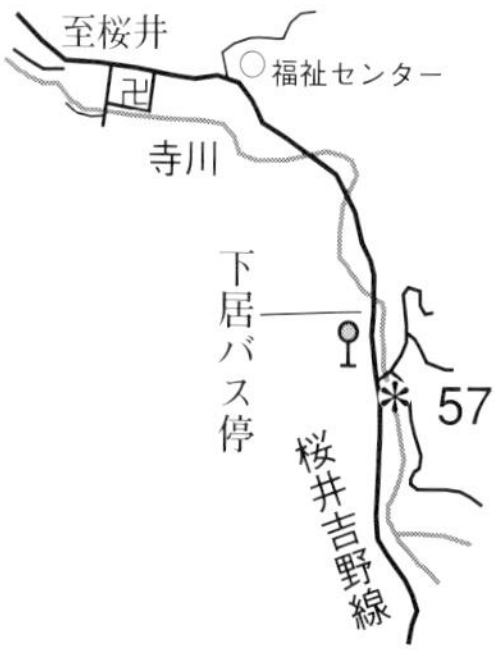

すごい道標である。高さ二メートルの自然石に「右多むの三年、左お登者さん」と書かれている。右は「多武の峰」であり、左は「音羽山」の事である。

文字の上に観音像が。以前ここにおられた観音さまは盗難にあい、今のは後補。いいお姿をしておられるが、ややきれいすぎて、碑面にマッチしないようである。

文字は江戸期のもの、堂々としておおらかで屈託がない。

それは右、左の文字が上の枠に当たりそうなのにそんな事には頓着なく、大きく左、右と書いた所は、現代人ではとても表わせないようだ。気分は雄大。まさに江戸の人のおおらかさが、眼の前に今拡がるのである。

（桜井市下居　桜井吉野線を倉橋を経由して談山神社へ向かう道中　音羽山へ向かう橋のたもと）

58 談山神社 旧参道町石

多武峰《とうのみね》談山神社《だんざんじんじゃ》への参道に風雅な町石がある。町石とは目的地までの里程を示す石造品で、ここでは桜井の町はずれから談山神社迄、一町ごとにたてられた。

この町石、上に笠を頂き、八角形の棹の部分に円い宝珠を造り出し、胎蔵界大日如来の種子《しゅじ》アークが薬研彫《やげんぼり》に刻まれている。その下に「妙覚究竟尼輪」の文字。高さは三メートルもある大きな町石なのである。

梵字の切れは鋭くて峻烈、大和の町石の最右翼である。

ちなみに、大阪万博太陽の塔（岡本太郎作）はこの町石をヒントに制作されたという事である。

（桜井市多武峰　談山神社旧参道のなかほどにあり）

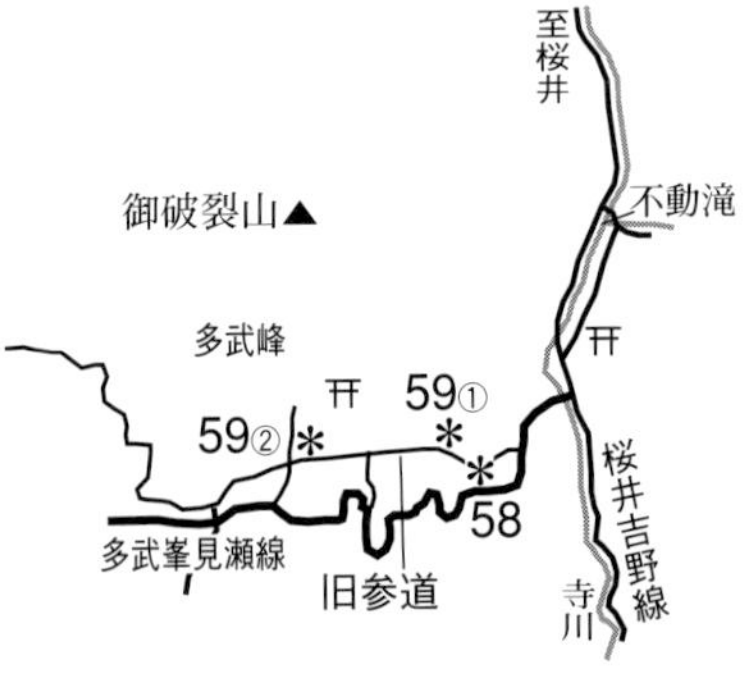

59 談山神社 下乗碑

「下乗」の碑はよく神社や仏閣の山門にある。どういう加減か、その書は大抵よく、嫌みなものは一つもないと言ってもいいぐらいだ。

しかしここ談山神社のこれは頭抜けてよい。私の好みにあっているという事をさしおいても、それは豪快にして素朴、簡潔にして雄大。大和の立碑のうち十指に入るものであろう。

続けて言わしむれば、その書は原始のエネルギーを持ち、地底からのゆらめきの放射を持つ巨大な臥龍にも例えらるべきものである。

私が若き頃三十代の頃であろうか、初めてこの碑を見た時の驚愕、それは今でも脳裏に鮮やかである。

裏門にもやや小ぶりながら「下乗」②の立碑がある。

右下の写真がそれである。

（談山神社山門前）〈地図74頁〉

①

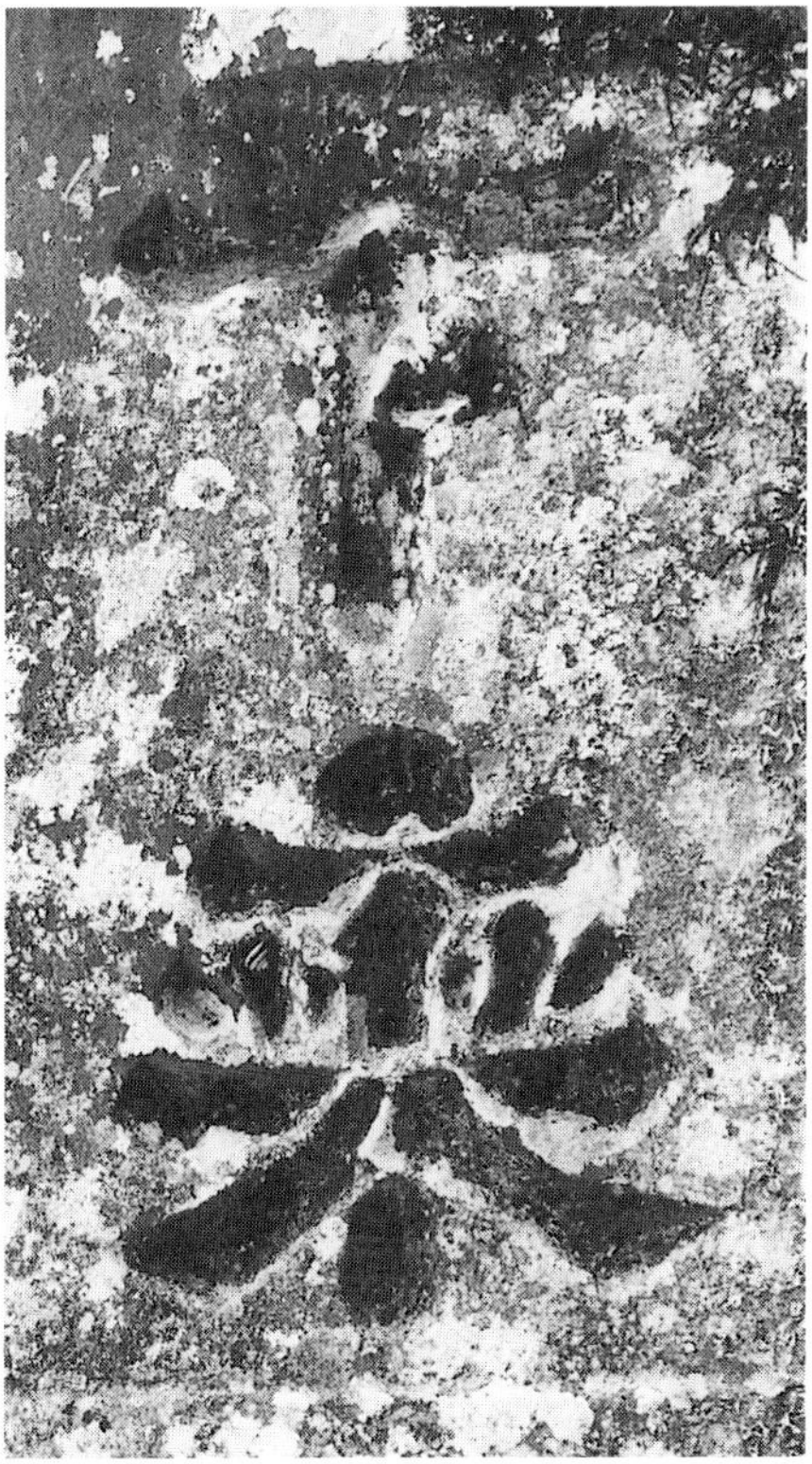

②

60 山田公雪冤碑

この碑は桜井市山田の山田寺にある。

山田公とは蘇我石川麻呂の事、雪冤とはえん罪をすすぐという意味である。即ち、石川麻呂のえん罪をすすぐ為にこの碑を建てたというわけである。

石川麻呂は蘇我入鹿とはいとこの関係にあたるが、大化改新では中大兄皇子、藤原鎌足とともに入鹿を倒し右大臣となってしまう。ところが左大臣であった彼の親友が死ぬ。そこから運命は大きく変わる。前々から兄の石川麻呂に反感を持っていた腹ちがいの弟は皇太子に「兄はあなたを殺そうとしています」と讒言《ざんげん》をする。

皇太子はこの言葉を信じ、天皇に奏上する。天皇は人を遣わして、石川麻呂に事の真相を問い正す。石川麻呂は「私は早速、宮中に参りましょう、そして事が真実かどうかを直接陛下にお話をしたいと思います」と。

しかし天皇はその言を信ぜず、彼の家を取り囲んでしまった。

彼はやむなく、二人の子を従え、山田寺に奔る。

山田寺の工事の監督をしていた長男も父を迎え入れ、僧兵ともども一戦交えようと意を固める。既に決戦は目睫《もくしょう》の間にあった。

「天皇や父に順うのは、臣の職務であり子としての道である。これに逆らえば罪にあたる。そもそも私がこの寺を造る事になったのも、自分の為というより天皇のためである。今自分は讒言にあい陛下はこれを信じておられる。私がここに来たのは逃げる為ではない。死に場所を求めてきたのだ。」と。

彼は仏殿の戸を開き「願わくは我れ生々世々に君主を怨まず」と誓いをたて、自尽して果てた。

妻や子の殉死するもの十数名、連座して殺されたもの二十三名、流し者は十五名を数えた。皇太子妃になっていた彼の娘も父の死を聞き、悲しみのあまりにこの世を去った。

後に皇太子は石川麻呂の異母弟の策略だったと気づき、麻呂の魂を鎮めようと山田寺の造営に励まれ、寺は立派に完成した。

時は流れた。そしてこの事件は忘れ去られていった。山

田重貞という人がたまたま平家物語を読んでいると、石川麻呂が叛賊のように書かれているではないか、山田重貞なる人は石川麻呂の子孫に当たるのだ。これでは石川麻呂は浮かばれない、この間違いを何とか正さなくては…と国史に詳しい京都の穂井田忠友に相談をした。そして山田公の冤罪をすすごうと碑を建立した。碑が建ったのは天保十二年（一八四二）の事である。既に事件より千二百余年を経ていたのである。

　この山田公雪冤碑を書いたのは、京都の儒者貫名海屋である。海屋は文はいうに及ばず詩書画にすぐれ、その作の今日に伝わるものも多い。彼は晩年、菘翁《すうおう》と号し、その書の秀潤にして深淵のごとき味わいは三筆、三蹟以後の第一人者と言っても過言ではなかろう。

　この雪冤碑はまさに穏健中正、一点一画をもゆるがせにしない所はさすがである。

　惜しい事に碑石は砂岩質であるためか、下部の文字が磨滅しており、まことに残念である。　現在は保存用の小屋に守られている。

（桜井市山田　桜井明日香吉野線「山田寺前」バス停南側）〈地図78頁〉

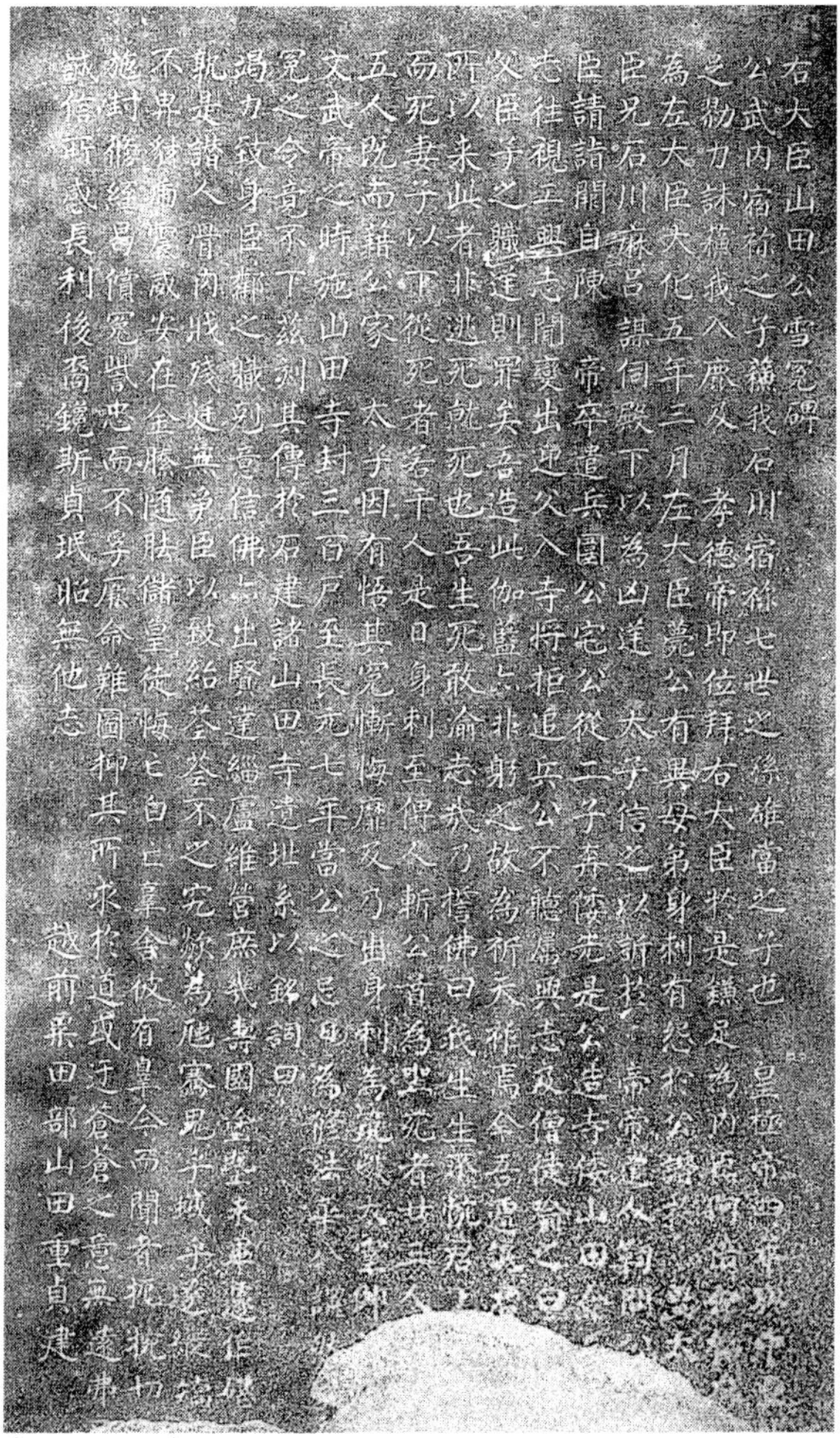

（109×62cm）

61 舎人皇子歌碑

ぬばたまの　夜霧ぞ立てる　衣手を
高屋が上に　棚引く迄に
万葉集巻九―一七〇六　舎人皇子

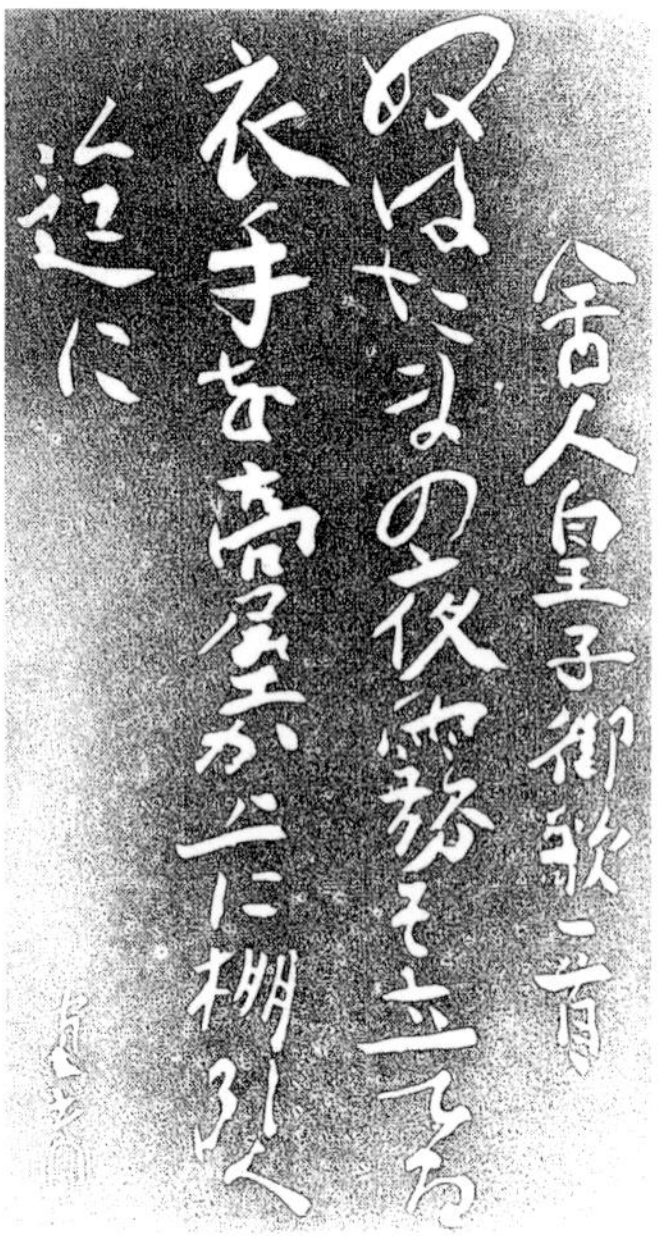

歌の意味は「夜霧が立っている、高屋の上に横に長くかかるほどに立っていることだ」。
この歌は舎人皇子が都の飛鳥から、東にある高屋の方を望まれて詠まれたものと思われる。

今は上高家《かみたいえ》の栢木氏の門前に立っている。

画壇の仙人、熊谷守一の書である。

地面に寝そべって蟻を一日中眺めていたとか、奥さんと一日中碁を打っていたとか、天竜川で筏師をしていたとか、とにかく逸話に事欠かない人物であるが、その絵と同様、書も飄々として仙風を帯びている。

筆管の先を持って、飄々と筆を運ばれるのか？一見とらえ所がないようでいて線は多面性を持ち、簡略の極を極め、その形は到底常人の及ばぬ造型性を持つ。

その作は紙面にぴたりと収まり、汲めども尽きぬ味を持つ。その書は守一独自の書であり、彼の前にも後にもかかる書は出てこぬであろう。

前に僅かに良寛がいる。


（桜井市上高家　山田から倉橋へ抜ける途中　高家の十字路を右へ約三〇〇ｍ栢木家門前）

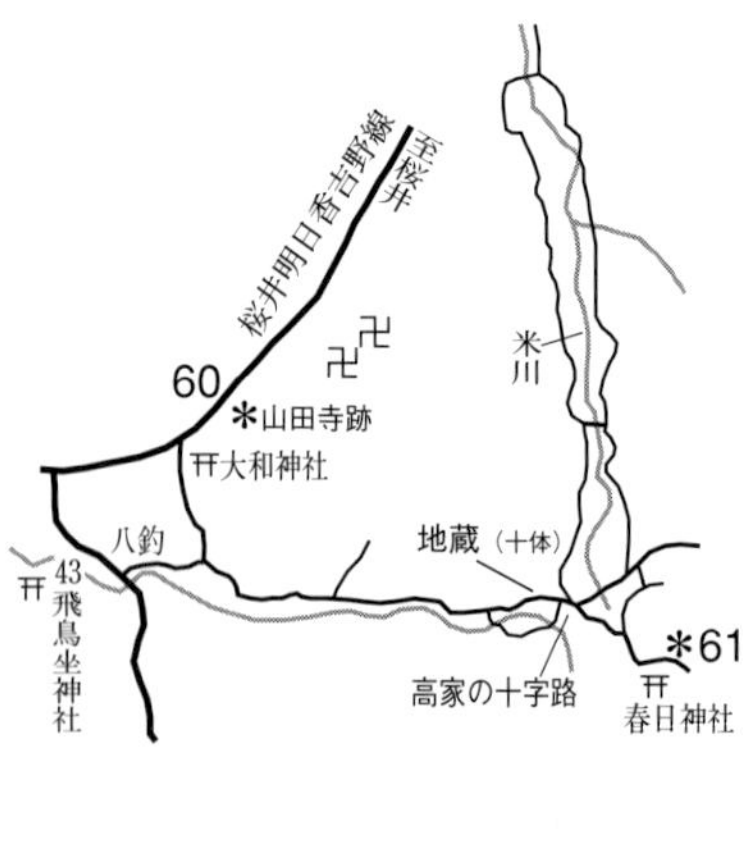

大和の碑

大和高田市《やまとたかだし》・葛城市《かつらぎし》

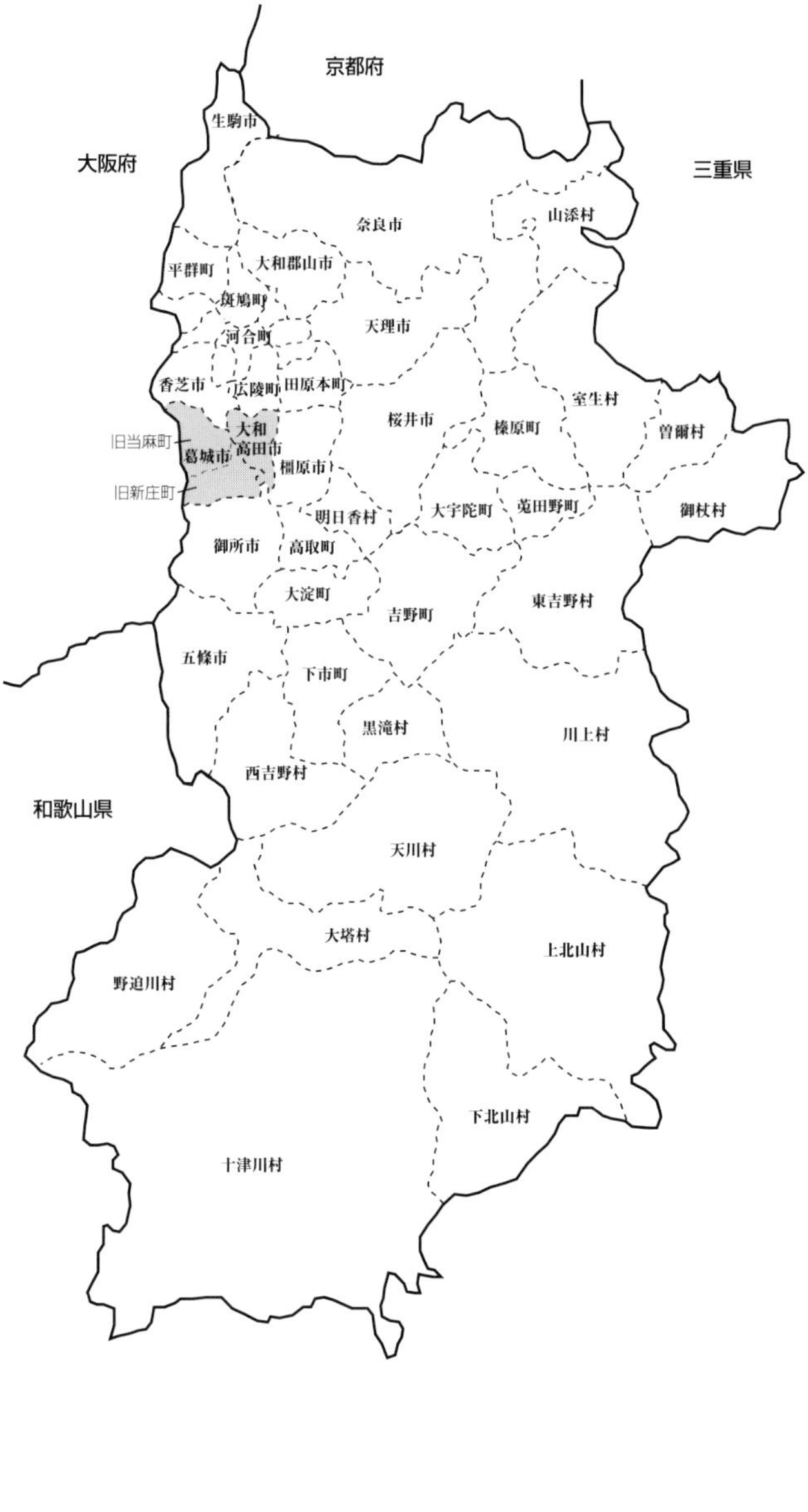

62 天神社 題額

ＪＲ大和高田駅のすぐ東、こんもりと樹叢に囲まれた神社は「天神社」。中和有数の大社である。天神社の入口の右手に三メートルを優に超す大社標がある。前に車両防御用コンクリート壁、その上の植栽などで「社」の字は見えづらいが、「天神社」とある。

同じ文字がすぐ後の大鳥居の額にも見られる。秀麗というか、秀抜というか品位に満ちた書である。横に東郷平八郎謹書と。東郷平八郎と言えば戦前の人には説明を要しないが、戦後は忘れられた存在である。日露戦争時の日本の連合艦隊指令長官、例のＴ字形戦法でロシヤのバルチック艦隊を完膚なき迄にやっつけた名将である。

その人格と統率力はすぐれ、ネルソンと並び称される救国の英雄として内外の称讃と尊敬をうけた。書の冷静沈着さもさこそと肯ける。

日本が全体主義、国粋主義へと向かう昭和七年十月、敬神崇祖の願いをこめて天神社の世話係が立碑したと碑陰にある。

（大和高田市三和町二―一五　ＪＲ高田駅東側すぐ）

〈地図82頁〉

63 明治天皇御小休所之跡碑

大和高田市の本郷通りの中ほどに二メートルを超す大きい碑がある。そこには「明治天皇御小休所之跡」の文字が刻されている。実にいい書だ。私がこの碑に初めて接したのは昭和二十五年、今からざっと五十年も前の事である。

中国の鍾繇《しょうよう》の書の影響を受けているのであろうか、いや蘇東坡《そとうば》の影響なのであろうか、やや扁平で古意を帯びたその書は見れども飽かず、見るたびに深みを増すのであった。

筆者は徳富蘇峰、側款《そくかん》に、蘇峰菅原正敬恭書とある。

徳富蘇峰は大正・昭和の偉大な言論・経世家であり、書も巧みであった。昭和三十二年没、九十五歳。

ここには、もと堀江という富豪がおられた。明治天皇が大和行幸の折小休止されたのを記念して、時代が国粋主義に急傾斜していた昭和十二年、高田町が建立した。

扁平に書き出した「明」を受け、大小とりまぜた文字が一気貫通して「跡」まで続く。碑の回りの余白を充分にとりながら、ぴしゃりと収めた所はさすがである。

（大和高田市本郷町一一　眼科医院横）〈地図82頁〉

（213×51cm）

64 梅田雲浜遺蹟顕彰碑

筆者の辻本九華（兵一郎）先生は私の師範学校時代の先生である。書についての専門的な知識を何一つ持っていなかった当時、書の最初の授業は教科書にある北魏の楷書であった。勿論拓本を見てのじか書きである。その頃は小学校で見た穏健中正な初唐風の楷書しか知らなかった私は大いに驚いたものである。そして直角に入った鋭い起筆、転折、それにその形態等、六朝の楷書はなかなかなじみにくい代物であった。今にして想えば、筆力をつけるのにこの楷書にしくものはなく、それをまず第一に取り上げられた先生の慧眼《けいがん》には只々畏敬の念を…。

前書きが長くなってしまったが、楷書に行書の筆意を持たせた所謂鍾繇風の書風はこの碑が建てられた昭和十八年頃、関西書壇の雄、辻本史邑先生によって開拓された書風といっていいと思う。弟子の九華先生も当然その影響を受けられたものと思われる。

どの字も、法をはずさず碑面にうまく入れておられるのは流石である。ちなみに梅田雲浜とは幕末の勤王の志士。

（大和高田市本郷町六—二二六　さざんかホール東側）

65 影現寺 木聯

この小冊子は原則として歩いて目に入るいい書をとりあげたものだが、この木聯はここ影現寺《ようげんじ》（通称柿本寺）にある。くわしく言うと本堂の内陣の柱にかかっている対聯なのである。

この拓はある拓本展に出品され、あまりにいい書であったので写真にとっておいた。

それが原稿にはさまっていたので、遂にここに登場する羽目になってしまった。

まさに尊者の徳である。

尊者の書はこの本でも紹介しているので、その略歴を省く。いい書である、流石に尊者。響きが高い。

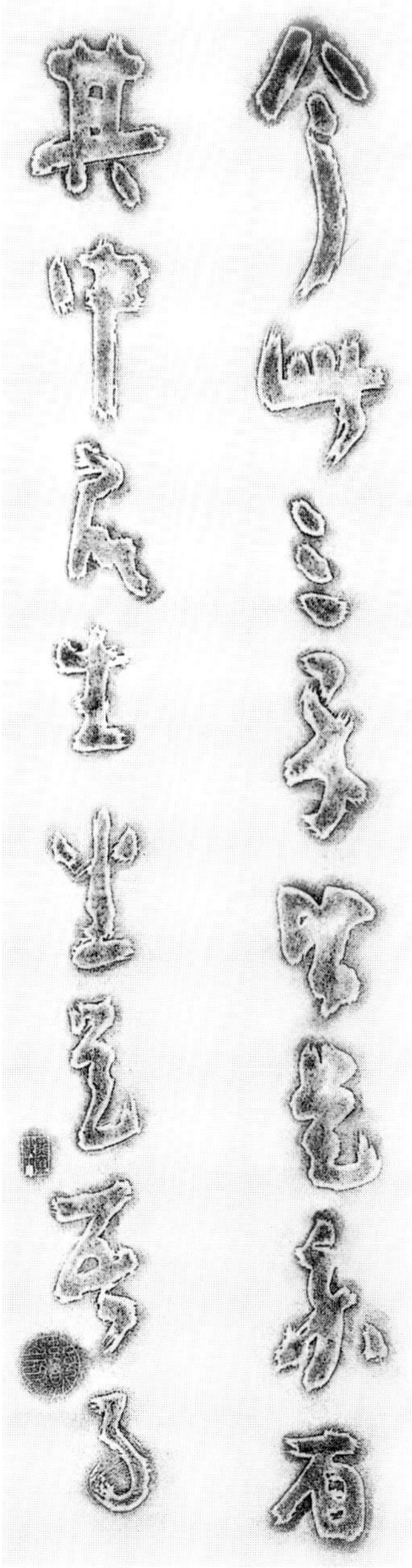

今此の三界は皆是れ我が有なり
其の中の衆生は悉《ことごと》く是れ吾が子なり

と読むのであろうか。

くわしい意味はわからないにしても、三界―この世―に生きる我々衆生は悉く吾が子といわれ、いつくしんでおられる。

尊者の大きい心を見る思いがする。

尚、ここ影現寺は現在無住寺。この拓本は対聯を一幅に表装したものである。

（葛城市柿本　影現寺　近鉄新庄駅西側）

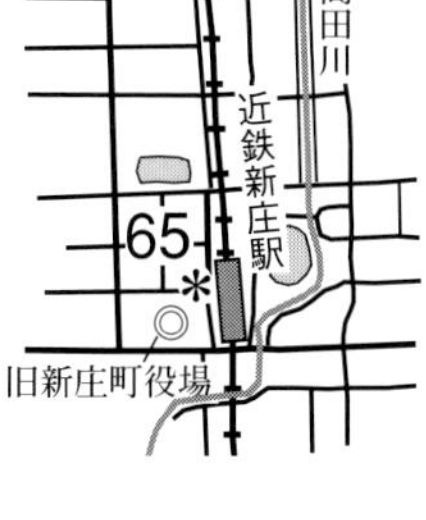

66 綿弓塚碑

「綿弓塚《わたゆみづか》」と読む。この碑は「綿弓や琵琶に慰む竹の奥」と、野ざらし紀行にある芭蕉の佳句を記念するため、文化六年十月に建てられたものである。

芭蕉は前後二回この地を訪れている。それはここ竹ノ内に門人千里《ちり》がいたからである。一回目は貞享元年の秋、二度目は元禄元年の春の事である。この時孝女伊麻に会い、その親を思う美しい心に感動し、「よろづのたつときも、伊麻を見るまでのことにこそあなれ」と友人に手紙を送っている。

さすがに歳月はその碑の面を鮮苔類でおおい荘厳化した。

（葛城市竹内　「竹ノ内」バス停より東へ約二〇〇メートル）

〈地図85頁〉

（93×40cm）

67 当麻寺 石碑

当麻寺は用明天皇の皇子麻呂子王が、河内交野に建てた万法蔵院に始まり、その後麻呂子王の孫当麻真人国見が、役行者ゆかりの現在地に移し禅林寺と改称したものといわれ、当麻氏の氏寺として、天平期の初頭頃創建されたものといわれている。

平安時代には興福寺の末寺となり、治承四年平家の南都攻めの際に金堂が大破し、講堂は焼失してしまったが、間もなく源頼朝が施主となって再興した。創建当初は三輪宗を奉じていたが、弘仁十四年に空海が当寺に参籠してから真言宗となり、のち浄土宗が興ると、当麻曼陀羅を中心とする浄土信仰の霊場として栄えた。

現在は、真言、浄土の両宗併立となっている。境内には国宝指定の本堂・東塔・西塔、国の重要文化財指定の金堂・講堂をはじめ薬師堂・仁王門・鐘楼などが、独特の伽藍配置で建ち並んでいる。塔頭も十一を数える。

また本尊の弥勒坐像をはじめとして、多くの仏像・仏画・曼陀羅など貴重な寺宝を数多く伝えており、国宝・重要文化財指定の寺宝も多い。

当麻寺本堂北に立派な御名号の石碑がある。高さは二ｍになんなんとする巨碑。「南無阿弥陀仏三界万霊」と。

よく見かける筆法だが、堂々として落ち着きがある。

（葛城市当麻一二六三
当麻寺本堂北）

68 石光寺 題額

当麻寺の一キロ北に石光寺《せっこうじ》がある。天智天皇の御世、光を放つ土地があるので、そこを掘らせた所弥勒《みろく》三尊石像が出て来たという。よって勅願により役小角が堂宇を建て石光寺と称したという。近年（平成三年）弥勒堂建てかえの際、地中から石造の弥勒仏が発見され、人々を驚かせた。白鳳の作で石造仏では日本最古のものである。

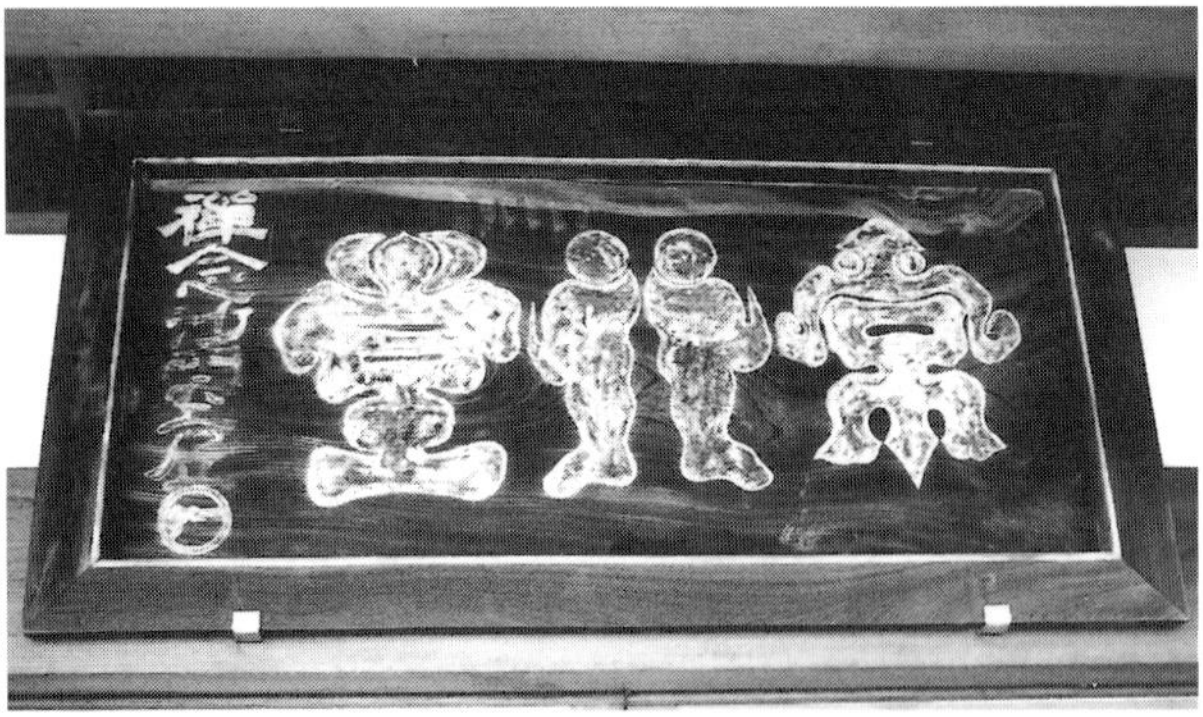

（約100×180cm）

いま石光寺の由来を述べてみたが、山門を入って正面の堂に見事な木額の書がかかっている。「常行堂」と。これは思わぬ収穫だ、と一瞬皆は思ったに違いない。何か生物かエネルギーか筋肉マンの筋力の塊のようなものが体内からもりもりと盛り上がっているではないか。

勿論、この躍動感は、書自体の動きでもあり、それを刻した刻手の力量に負う所が大きいように思われる。

「常」字の二、三画は人間の眼のようだし最終画はまるで鉾先のようにとがっている。

「行」の頭部も人体の頭に見えるし下半分は力士のふくらはぎにも見える。

「堂」は文字全体が力のみなぎりのようだ。

落款は「禅念沙門空尼」と読むのであろうか、大和にはまだまだ未知の面白いものが一杯だ。

後日、調べてもらったところ、常行堂の筆者は、江戸末期の知慶法尼であることが判明した。沙門空尼は空海を学んだ尼僧の意。

（葛城市染野三八七　石光寺内）〈地図85頁〉

大和の碑

御《ご》所《せ》市《し》

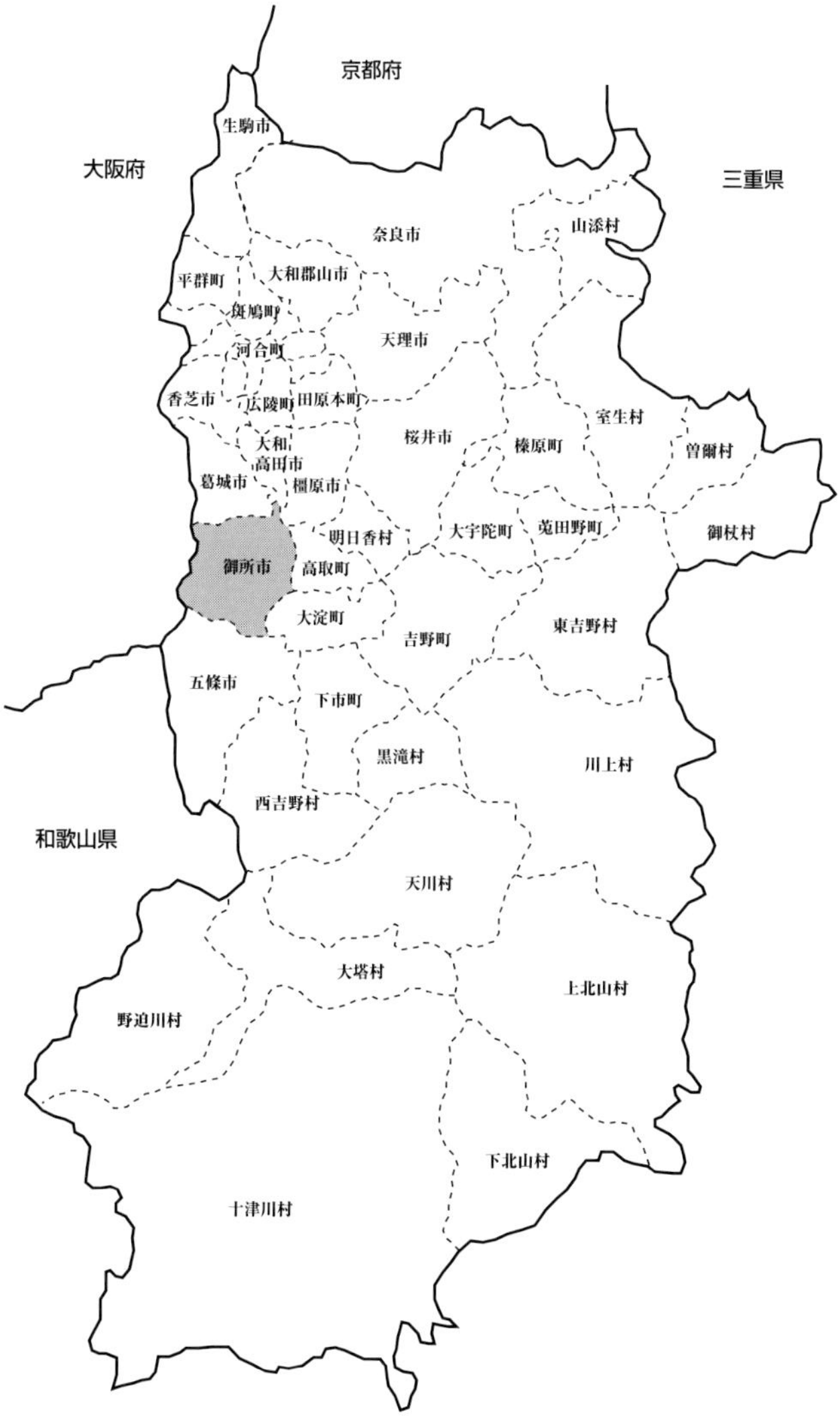
京都府
大阪府
三重県
和歌山県
生駒市
奈良市
山添村
平群町
大和郡山市
斑鳩町
天理市
河合町
香芝市
広陵町
田原本町
室生村
大和
高田市
桜井市
榛原町
曽爾村
葛城市
橿原市
明日香村
大宇陀町
菟田野町
御杖村
御所市
高取町
大淀町
吉野町
東吉野村
五條市
下市町
黒滝村
川上村
西吉野村
天川村
大塔村
上北山村
野迫川村
下北山村
十津川村

69 浅田松堂先生顕彰碑

今は亡き福飯鎮二さんが、「先生、浅田松堂さんの顕彰碑を建てたいと思っているのですが…。葛城山の頂上にです。」

「へえ、そんな所に碑を建てる事が出来るのですか　あそこは国定公園じゃないの。」

「まあ、その方は私にまかせて頂いてと。出来れば頂上を少し下がった所に松堂さんの故郷、御所市の方を向いて建てられればと思っているんです。」

「ところで石をケーブルで運ばなければなりません。ケーブルで運べる最大限の石をと思っています。費用の方は何人かの文化面に関心の高い方からの御寄付を頂いて…その方は私の方でいたします。」と。もう碑が出来上がって山上に建っているような話しぶりである。

「ところで、書は先生に御願いしたいのです。」と。こんな話の経過で松堂さんの顕彰碑を私が書かせて頂く事になってしまった。

何せ碑は大きいものだし、所は葛城山から南大和を睥睨《へいげい》する位置での立碑である。

私はすっかり興奮してしまった。

書く前に想を錬りに錬った。そして想いが自然にはじけて出るまで頭に描いた。やがて想いはある方向に定着していった。そしてそれが形と流れを伴って出て来た時、私は筆をとった。

私の夢の造型が紙面に定着をした。

これで終わった。

私はほっとした。一度に肩のこりがとれたようであった。

それが写真の書である。

○

ところで浅田松堂とはどんな方なのであろうか。

浅田松堂

御所の人、正徳元年（一七一一）生まれ、名は操、字は篤志、通称新七、号を松堂という。材木の中次《なかつぎ》問屋を営む。幼より読書を好み、業務の傍ら群書を渉猟《しょうりょう》、古今の法帖を究明し、臨池の妙を得た。竹堂梅堂とを合わせ大和の三堂と称せらる。

また武芸に通じ音曲、彫刻を好み多芸に通じた。京都に出て儒官となり法眼に叙せられ、「文鳳法眼」といわれる。晩年、地方産業に意を致し、伊勢の松阪木綿を見、工夫をこらし、宝暦頃、一種の絣織を考案す。

これが大和絣の初めである。

「浅田翁家用遺言集」に「かねて考えし、かすり木綿はかつのわざとせよ、木綿又飛白を織ることは、我かねて伊勢松坂木綿のかすりより考え出して、いよいよ当所の産物と成さんと思う。我が子孫たるものは此の心を嗣ぎて忘るる勿れ」とある。文中、かつとは松堂の妻のこと。

安永六年（一七七七）八月十九日没。行年六七。法名は裕信、墓所は御所市東向山円照寺にあり。明治十六年農商務卿より追賞せられ、金弐拾円を下賜せらる。

（御所市葛城山上　国民宿舎葛城高原ロッジの近く）

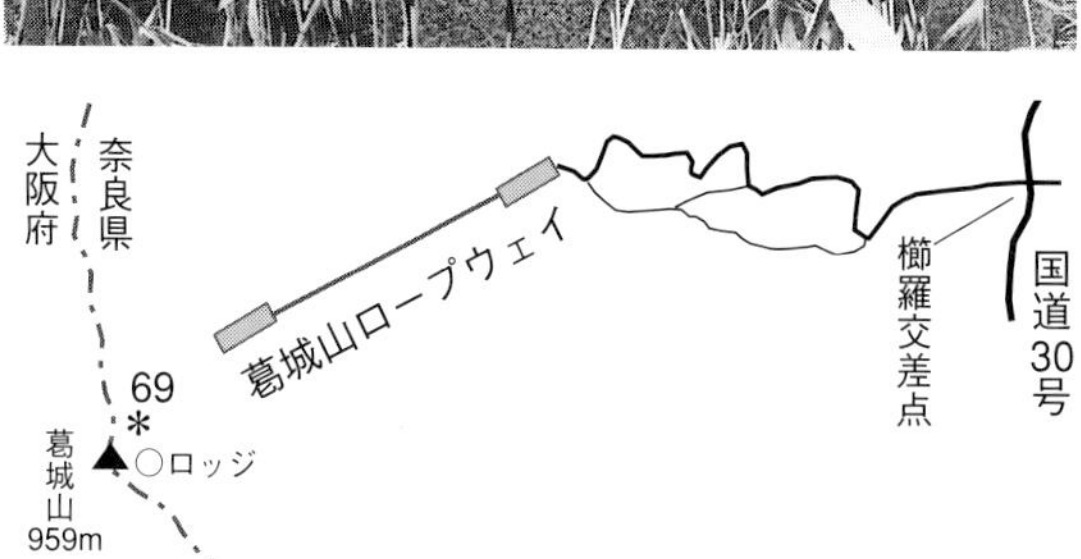

70 高天彦神社 神霊碑

碑にも書いてあるように昭和六十一年五月にここ高天彦《たかまひこ》神社《じんじゃ》に詣でた事になる。

私はこの地の神秘、荘厳、神気を帯びた雰囲気に魅了され、早速この感動を書に表現したいという意欲にかられた。

今の自分の風で今の気分にぴったりの書が書ければいいが…。書風は六朝の楷書がいい。

そこまで想いは一気に固まった。すぐに書けば書ける。しかし、もっと感動させる何かがひらめかなければと私は古法帖を一気にさぐった。

そして出くわしたのが、「中岳崇高霊廟碑《ちゅうがくすうこうれいびょうひ》」、北魏の書であった。

作品はこの年の読売展に出品をした。

作品は大阪の表具店から出品するのがいつもの事だが、裏打ちは御所の松浦表装店に御願いをしている。その裏打ちの乾く三、四日の間に橋本院（高天）の阪井さんが表具店にこられたのである。

展覧会も無事終り、ホッと一息ついた時、稲宿の安楽寺で真言宗の坊さんの総会があった。書を安楽寺に奉納させてもらっている関係上、私もその会に招かれた。

その席上、開口一番阪井さんはこの「神霊」にふれられてこう言われた。「先生、文中高天彦神社とありますね。これは文意から言って当然高天に収まるものですね」と。

私はなぜ阪井さんが「神霊」の事を知っておられるのか知らなかったのでびっくりした。

まさに神縁としかいいようがないのである。阪井さんが裏打ちの三、四日間にこられたという事、記述が高天彦神社の事に及んでいる事、そして安楽寺までの間髪を入れぬ二人の出会い。かくして書は高天彦神社の什物になり、日をおいて碑になったのである。

まさに人の世の摩訶不思議を、今ここに見る想いである。

碑文にはこう書いてある。

神霊

昭和六十一年五月 大和の国葛上郡高天彦神社に詣ず 金剛山の中腹小盆地を抱き僅かに十数個の民家を置く 正に蓬来仙境の如し 此の地に社有り 森厳荘厳 霊気地に満ち 森羅万象総て神霊を帯ぶかに見ゆ 此の地は正に天孫降臨の聖地なり 南風識す

平成天皇御即位の記念として平成二年十一月に立碑された。

（口絵⑨ 御所市高天 高天彦神社前）

（167×70cm）

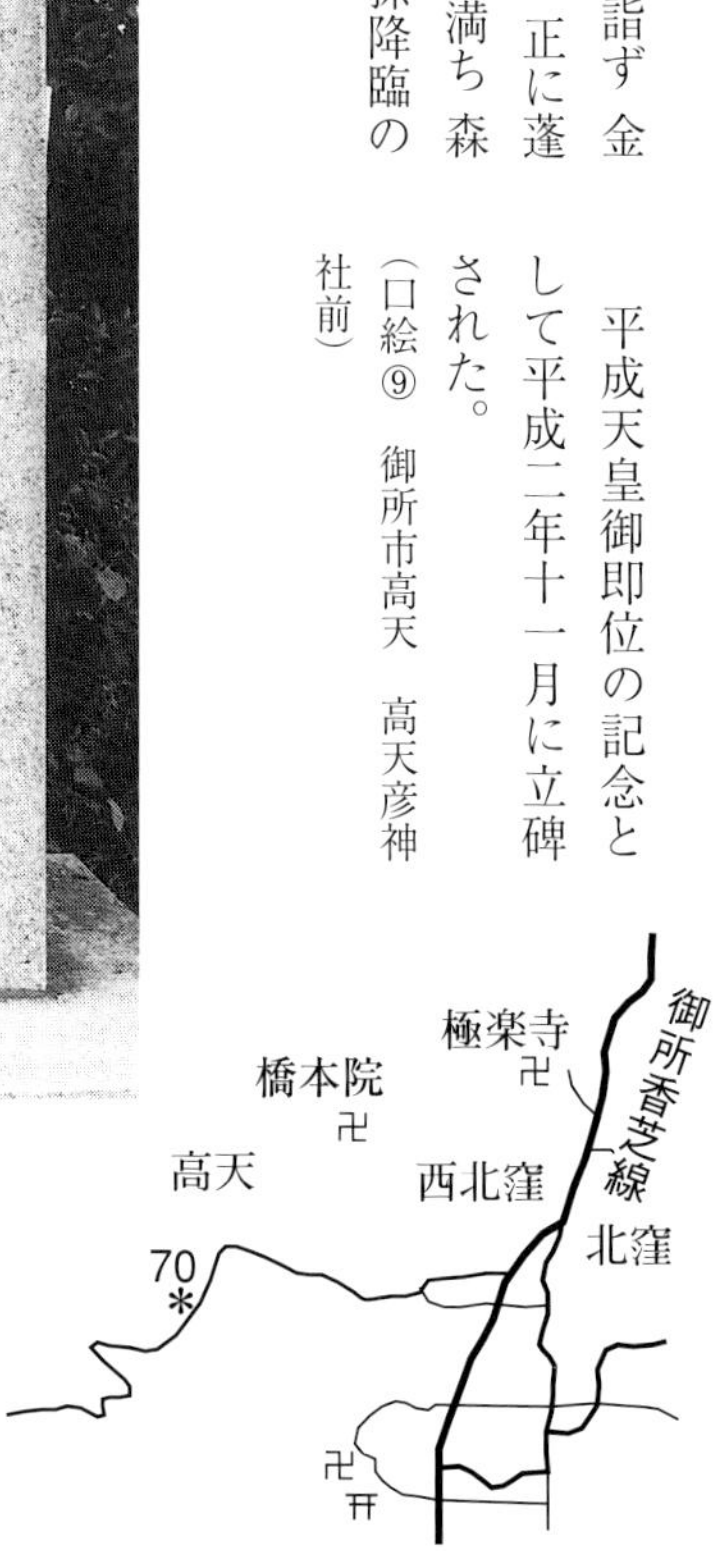

71 船宿寺 貽厥嘉猷碑

船宿寺《せんしゅくじ》に鉄斎の書があることは、何かの本で読んで知っていた。碑を訪れるのは初めての事である。

縦一四一センチ、横一〇二センチの自然石。表の上部に篆書で「貽厥嘉猷」と書かれている。

「厥《そ》の嘉猷《かゆう》を貽《のこ》す」とは子孫に残す立派なはかりごとの意、下に明治の気骨が刻されている。

「身を修めては惟《こ》れ忠、惟れ孝、家を持ちては宜《よろ》しく倹、宜しく勤、これ先賢の格言」と。

大教正になられた岡本孝道翁は常に子弟にこう教えられたと説く。

裏に富岡鉄斎（百錬）書とある。

表裏とも鉄斎にしては比較的読みやすい楷書体で記され、表はまさに顔真卿風、おおらかででかい。裏は中字ながら後の鉄斎を髣髴《ほうふつ》させる古拙にして味わい深い書が。

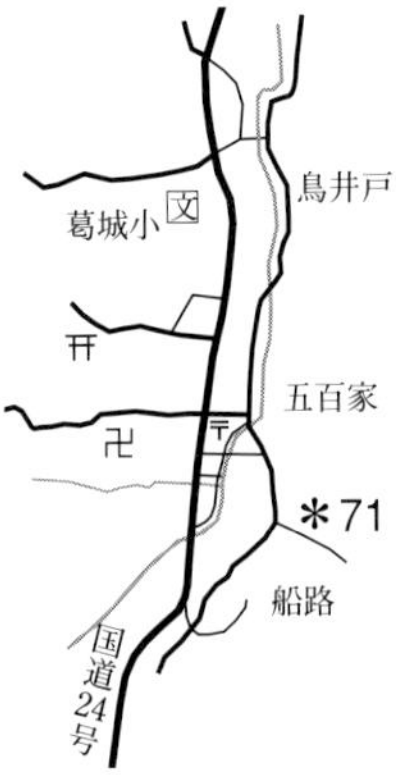

富岡鉄斎　天保七年—大正十三年
京都三条衣棚、太田垣蓮月の学僕となり、維新では国事に奔走。明治十四年京都にもどり絵画に専念。土佐派から南画に転じた。南画壇の最高峰である。若い頃は大和の石上神宮や大阪の鳳神社の神官をしていた。

（御所市五百家四八四　国道24号線を南東へ約三〇〇メートル　船宿寺内）

（141×102cm）

72 阿吽寺 坂門人足歌碑

（73×113cm）

船宿寺から山一つ越えてＪＲ吉野口駅に向かった。ここには阿吽寺《あうんじ》という古寺があり歌碑がある。入口に膾炙《かいしゃ》されている坂門人足《さかとのひとたり》の巨勢山の歌だ。

御所から吉野へ抜ける新道が真下を通っている。急斜面の山道をほんの少しばかり登る。もうここは万葉の世界だ。登って振りかえると、山と山との間の狭隘なはざまに稲穂が黄ばみはじめていた。昔はこの隘路《あいろ》を通って紀伊の国へ出た。

そこに巨勢氏が勢力を張っていた。

巨勢山の　つらつら椿　つらつらに
見つつ思《しの》はな　巨勢の春野を
万葉集巻一―五四　坂門人足

真下の道路、鉄道線路その一帯に旧巨勢寺があったのだ。この阿吽寺はその一塔頭《たっちゅう》であった。

道路の向こうに見える小堂宇、これが、巨勢寺の塔址なのである。

この碑を万葉研究家の犬養孝さんは万葉がなで書かれている。嫌みがなく素直な文字だ。

（御所市古瀬　阿吽寺内　国道309号線西側　ＪＲ及び近鉄吉野口駅北西側）

大和の碑

五條市《ごじょうし》

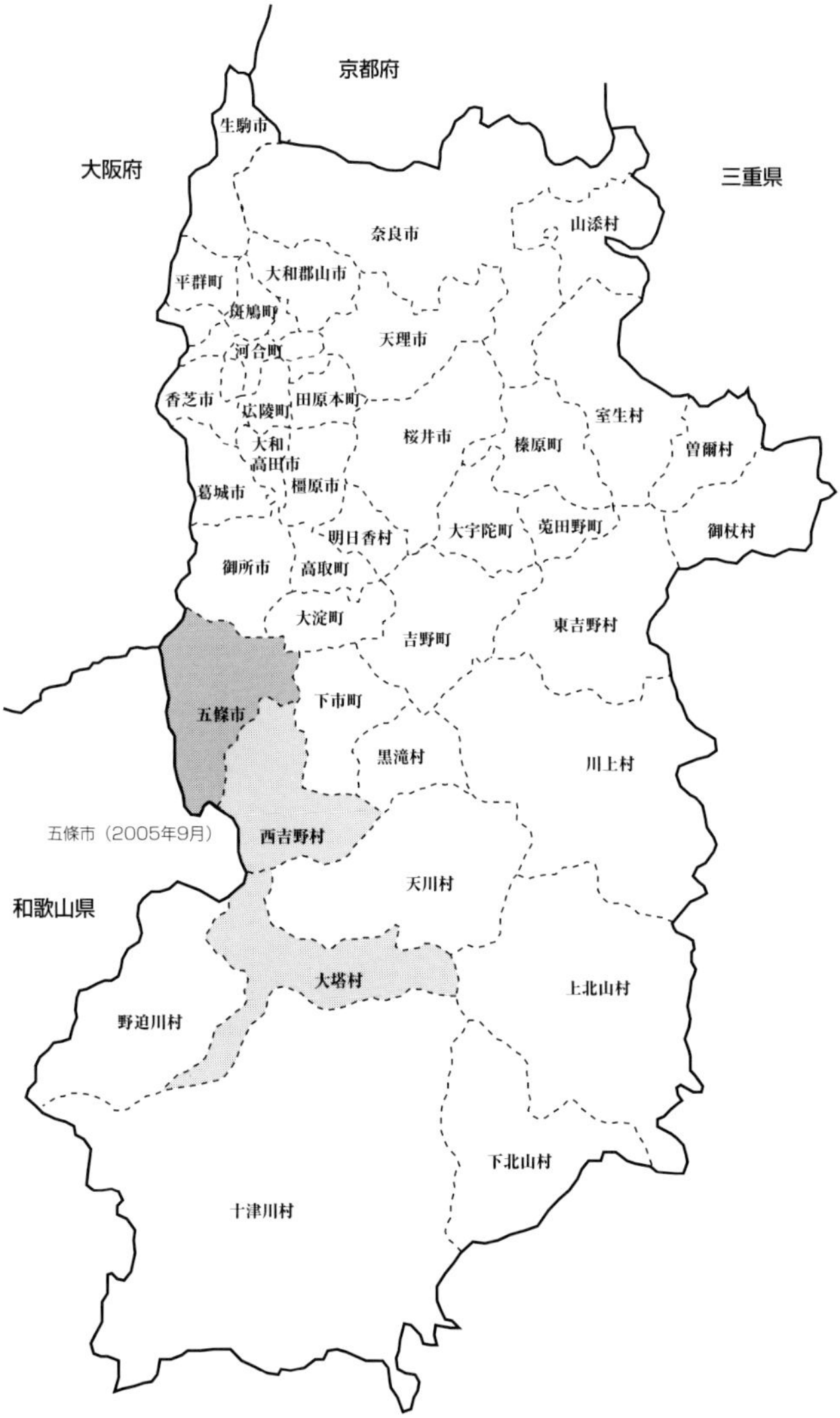

73 栄山寺 行宮阯碑

栄山寺《えいざんじ》の正門（今は閉されている）を入った左に大きな寺標がある。「史蹟栄山寺 行宮阯」と。碑面の右に「史蹟名勝天然記念物保存に依り昭和十三年十二月文部大臣指定」、左に「昭和十七年八月建設」とある。従って、この栄山寺は昭和十三年に史蹟指定され、戦時下の十七年に建碑された事がわかる。

　その書を見たのは多分昭和二十年以降の事だと思われるが、一見奇妙な文字だとの印象が強かった。が、何度も文字に接するうちに、段々とそのよさに引きこまれていったというのが、今の私の正直な気持ちである。

　その文字は直截にして高雅、高い品位を持っている。

（246×37cm）

　どこかの古典の筆跡からの集字だと思われるが不明である。

○

　ちなみに栄山寺は遠く養老三年（七一九）、藤原南家初代武智麿公の開創にかかり、その菩提寺として幾星霜を閲し、今にその法灯を伝える南和の名刹である。

（五條市小島町五〇三　栄山寺内）

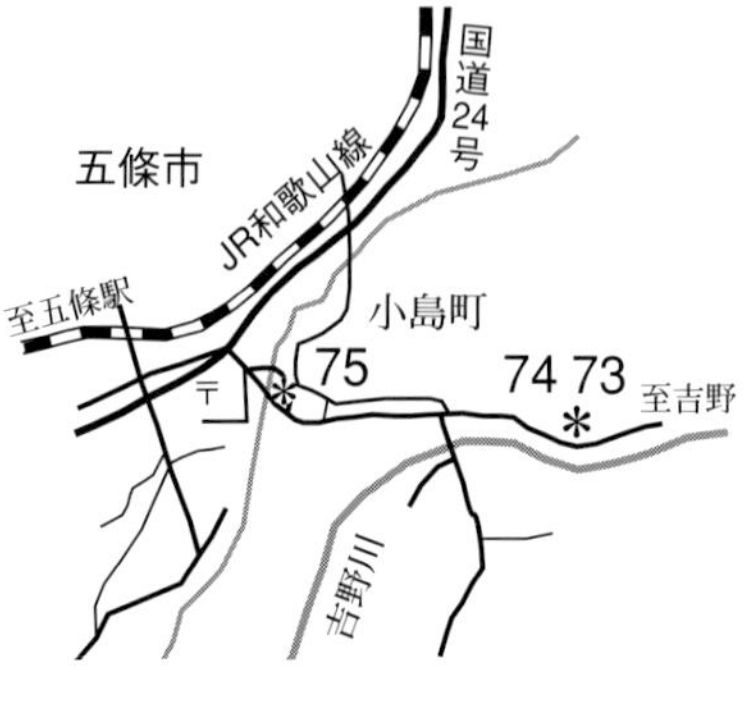

74 栄山寺 道澄寺鐘銘

数少ない国宝中の国宝。

高さ一五七センチ口径八九センチの鐘の四面に菅原道真の撰、小野道風の書と伝えられる陽鋳《ようちゅう》の銘文がある。

三面に延喜十七年（九一七）十一月三日と鋳成の銘文がある。またその龍頭の精巧なことは本邦梵鐘中随一のものでその均衡のとれた鐘身の美しさと相まって平安時代の金工品中、特に優秀なものと認められている。京都神護寺、宇治平等院の鐘と共に平安三絶の鐘とされている。

誰でも栄山寺になぜ、道澄寺《どうちょうじ》の鐘があるのだろうかと疑問に思われるであろう。

この鐘は延喜の頃、京都山城に建立された道澄寺にあったものだが、世の推移とともに寺は廃絶。藤原武智麿公の菩提寺であるここ栄山寺に運ばれたものだといわれている。

一点一画もゆるがせにしない堂々としたいい書である。

写真（左下）、鐘銘の最後の二行、

劫数《ごうすう》億万世界三千

一音利益無限無辺

とある。三千世界を救う一音の利益の限りなき有難さ、仏法が生きていた時代の人々の想いが、この文を作らせたのであろうかとさえ思われる。

（栄山寺内）〈地図96頁〉

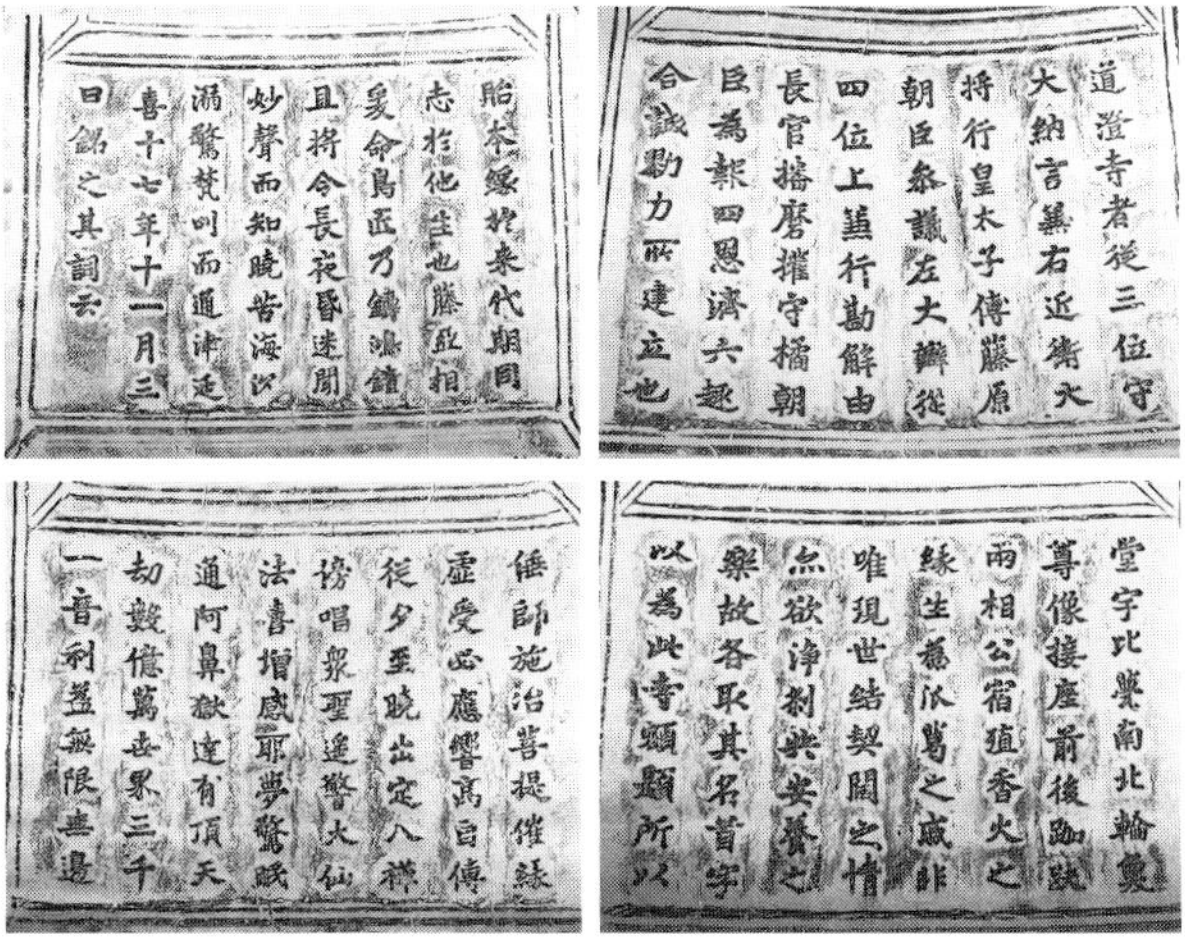

（32×52cm×4）

75 宇智川磨崖碑

旧道は宇智川《うちがわ》を迂回する。道が左に廻ったあたりに宇智川磨崖碑の大標柱がある。署名はないが、山本竟山の筆と聞いた。

宇智川とは吉野川に注ぐ支流のことだが、山をうがちて谷は深い。橋上からはもみじ葉の底に水が光る。ここ不動橋の下方左岸に大般涅槃経を陰刻している。川水が増すごとに碑も洗われ磨滅も殊の外ひどい。はっきり識別しうるのは全体の半分位である。経文と比較対照すればどうにか判読が出来る。また、記年の所も著しく滅損しているが、江戸時代以降諸学者により、宝亀七年説、九年説が出されたが、残っている文字の一部や、江戸時代先賢の判読などにより、九年説の方が正しいと思われる。

造立の趣旨も明らかではないが、近くに古刹の栄山寺や、武智麿公の墓もある事から、何らかの関連を持つものかも知れない。事実、さして広くはないこの河原に立ってみると、断崖絶壁、天空狭隘、木々は鬱蒼と茂り、ここ自体、仙境の趣を写し、ここが一つの信仰的霊地であったような気をおこさせる。

一字の大きさ三センチ角。中国六朝時代の楷書の影響を深くうけた作と思われる。

（79×36cm）

左横に高さ六〇センチ位の未完成、線刻の仏像一躯あり。
奈良時代後期の作。
ちなみに碑文は左のごとし、

大般涅槃経《だいはつねはんきょう》
諸行无常　是正滅法　生滅々已　寂滅為楽
如是掲句乃是過去未来現在諸仏諸説開空法道
如来証涅槃永断於生死若有至心聴
常得无量楽
若有書写読誦為他能説一経其身於劫後七劫不堕悪道
宝亀九年二月四日　工少□□□
知識□□

（五條市今井町交差点を東入る　旧街道左折すぐ　宇智川の河畔）
〈地図96頁〉

（106×70cm）

76 講御堂 門額

この木額は市内の講御堂《こみどう》の門にかかる。ここ講御堂は有名な唐招提寺の住職森本孝順さんの寺である。この寺は失火によって消失したが、森本長老の古美術蒐集がよって力あり、その売却の利で再建されたと聞く。招提の清浄の気がここにも漂っている。

門には草行で「蓮華門」と。「蓮」も「華」も共に草書で、最後の「門」だけが行書なのも面白い書きぶりといえよう。「蓮華」はさておき「門」を草書にすると殆どの人は読めないので、行書で書かれたのではなかろうか。落款は大僧正巌。

書は豊かで大胆。

講御堂とは弘法大師が高野山へ行く途中、村人を集めて講話されたのでこの名がある。筆者の巌については不明。

（五條市五条一―一―一四　本陣交差点から南へ二十メートル、西）

77 宝満寺 鐘銘

　国道二十四号線を左に折れ、吉野大橋にかかる手前を右折すると、旧紀州街道の新町通りにでる。この街道は吉野川に沿って西行する。昭和十年頃二十四号線が新町筋の北を通過したので、この街は無傷のまま江戸の面影を今に留めた。

　街道に入ってすぐ、山本という酒造業を営んでおられる旧家（屋根の上に酒の看板）を過ぎると、視界が急に開ける。

　右から左に吉野川の本流に合する支流が流れている。そして道もその川に沿って三叉路になっているのである。その辺の古い民家のたたずまい、それにややひろがりをみせる川、小道はゆるやかに曲線を描く。白壁の蔵がある。旧家がある。離れ座敷の格子窓がある。その辺の調和が何とも言えず美しい。

　私はこっそりと言う。ここは大和三景の一つだと。それだけ、ここは美しく、懐かしく、人の心をなごませてくれる魅力を持っているのである。

　その道の右奥に宝満寺。そこに梵鐘がある。昭和三十六年九月の鋳造でさして古い鐘ではないが、筆者がいい。

　芸術院会員で書が日展に参加した頃—書が新書美を求めて一番に活気づいた頃—の書人の一人、川村驥山《きざん》翁の揮毫である。

　驥山翁は前述の山本家と懇意にされ、そこにながく逗留されたと聞く。従ってここに驥山翁の鐘銘があっても不思議ではない。

鐘に施主山本米三、山本シヤウとあった。

　驥山翁は狂草で知られる草書の名人であるが、楷書は鍾繇《しょうよう》を師とされた。この書も字形はやや扁平で古意に満ちている。

　翁の行書の一頂点を示す作と言える。

（酒の看板：新町通り南入ってすぐ山本酒造の軒　梵鐘：五條市本町二—四—七　宝満寺内）〈地図100頁〉

78 題額二種

五條市の商栄会通りに金時堂という和菓子商がある。その二階の軒下に行書で「御菓子」と大きく書き「掃雲題」と小さく入れている。

筆者は来田掃雲。五條の方で五條におられたが、後神戸に移られ、神戸一中の先生をされたと聞いた。昭和十四年頃五條中学に入学した私は掃雲先生の書の教科書で学んだものである。戦時中だったので、書の題材は頼山陽の「筑海颶風…」ではじまる頼山陽の漢詩であった。雄渾な書風は今も脳裏に鮮やかである。

①

②（203×36cm）

○

同先生の書が五條市役所にもある。それは同市の看板、五條市役所の墨書である。

私はこの看板に接したのは昭和五十四年頃である。気宇の大きい、温雅な書。これが、この書に接した第一印象である。もうかれこれ二十年以上経っているのに今も墨痕鮮やかである。

受付嬢に聞いてこれが掃雲先生の書だとわかった。御存知のように二十年もの歳月を経ると、書の表面の墨は流れ落ちてしまうのだが、これは実にはっきりしている。風雨が木を自然に刻み、文字が浮き出た。その所に黒色の何かを塗りつけたのであろう。

見方によっては、先生の書がいつまでも残り、市にとっても先生にとってもそれは嬉しい事だといえよう。

（①五條市須恵二―六―一一　商栄会通り　金時堂　②五條市本町一―一―一　五條市役所）〈地図100頁〉

79 森田節斎頌徳碑

五條市の中心地、五條市民会館の前にこの碑はある。大きな碑だ。高さは優に三メートルを超えるであろう。

まず書を見る。一点一画をゆるがせにしない謹厳そのものの楷書だ。それもそのはず、明治初期、巖谷一六《いわやいちろく》、中林梧竹《ごちく》らと共に、六朝書《りくちょうしょ》を鼓吹《こすい》し敷衍《ふえん》させた日下部鳴鶴の書だ。

碑にある森田節斎とはどんな人物だったのであろうか？彼は大和五條の生れ。幕末明治の儒者、志士。名は益、字は謙蔵、別号に節翁。京に出て猪飼敬所《いがいけいしょ》、頼山陽に学び、江戸の昌平黌《しょうへいこう》に入る。のち京都に塾を開き、吉田松陰、乾十郎ら尊攘《そんじょう》派志士を輩出す。門下から天誅組《てんちゅうぐみ》の大和挙兵に参加するものあり。彼は幕府の目をのがれて紀伊の国に隠れ同地で没す。時に明治元年、五十八歳であった。その事蹟を頌え、建立されたのがこの碑である。

（五條市本町三―一―一三　市民会館前の植え込みの中）〈地図100頁〉

80 転法輪寺 寺標

五條市から和歌山県橋本市へ抜ける国道二十四号線沿いにこの寺はある。

その略縁起によると、弘法大師が御年四十二歳で高野山の建立を発願された時、不思議な事にこの地で狩場明神とお会いになった。その時、明神は大師の道中安全を祈念して明神の使者である白黒二匹の犬を先導させた。そのお陰で大師は無事高野山につき、そこに真言密教の大本山金剛峯寺を建立する事が出来たのである。その不思議な邂逅を後世に伝えん為、転法輪寺《てんぽうりんじ》が建立せられ、山号は、犬飼山《いぬかいさん》になった。

（125×28cm）

正面、山門の前に「犬飼山 大師高野山登山之初 狩場明神影向《ようごう》之霊地」の寺標、その標石の右側面に「転法輪寺 遍照院」とある。

ともに襟を正したくなるような骨格正しき楷書、さすがに空海の霊気が乗り移ったよう、真言の妖気さえ感じさせられる。

こんな書をいい書と呼ぶのだろう。

これに匹敵する現代の書人は…？となると正に肌寒いと言わざるを得ない。

（五條市犬飼町一二一四
転法輪寺山門前　国道
24号線沿い）

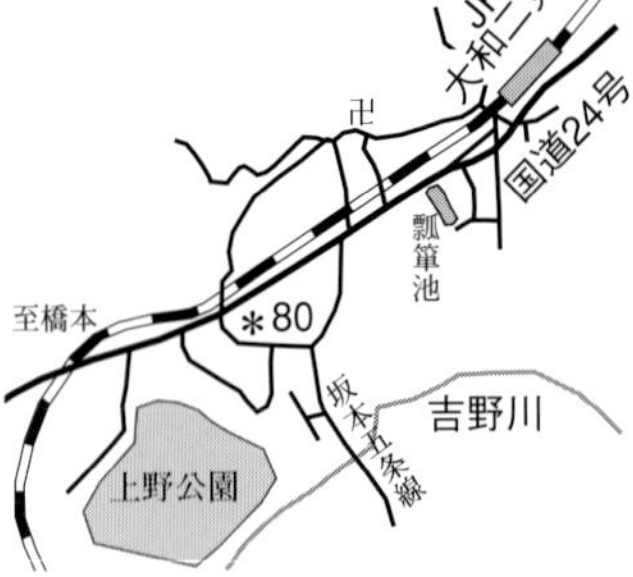

大和の碑

宇陀郡《うだぐん》（榛原町《はいばらちょう》・大宇陀町《おおうだちょう》・室生村《むろうむら》）・吉野郡《よしのぐん》（大淀町《おおよどちょう》・吉野町《よしのちょう》・川上村《かわかみむら》）

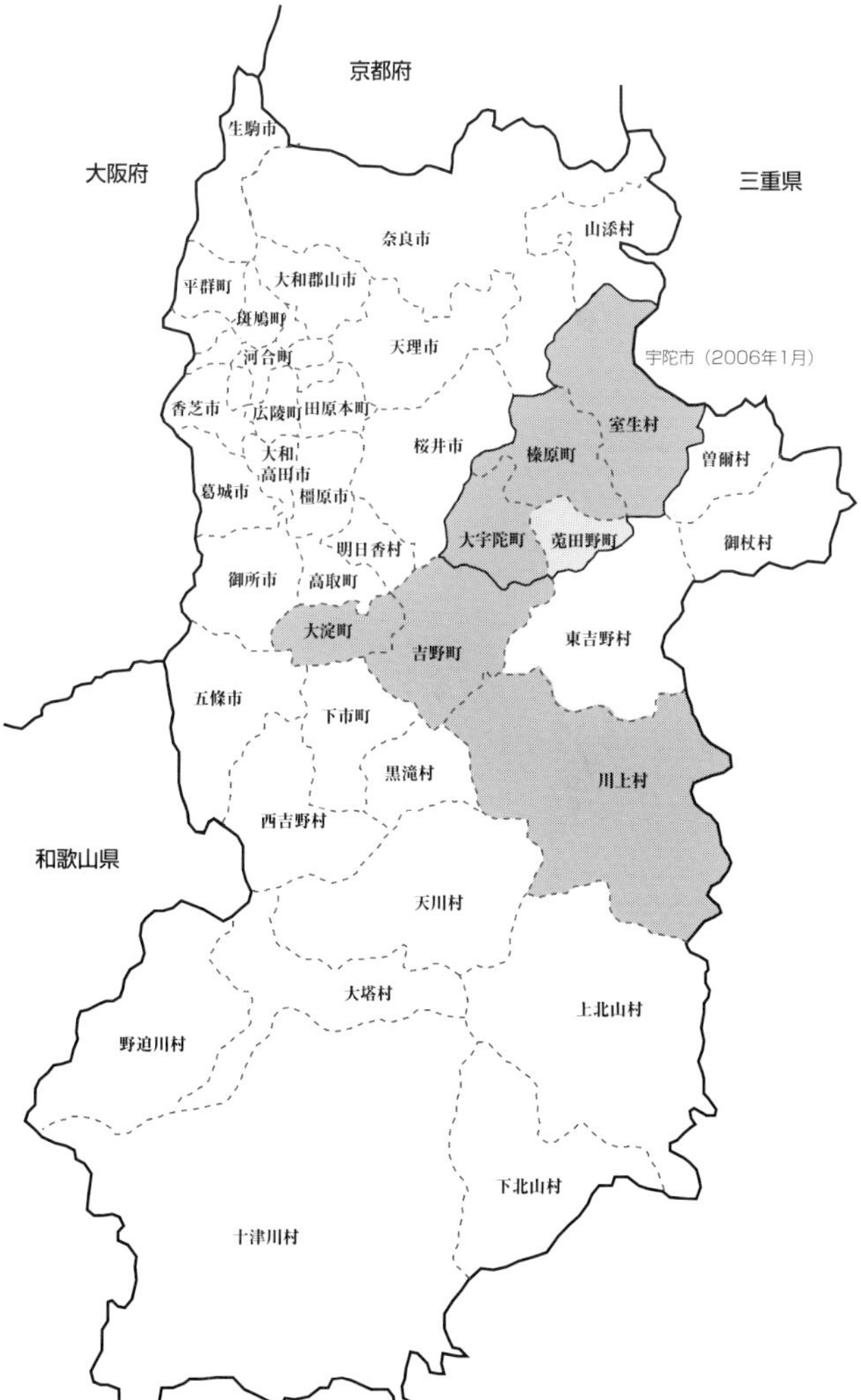

81 あぶらや題額

伊豆半島を旅した時の事である。松崎という所で、鏝絵《こて》の名人の常設展示場に行った記憶がある。名は忘失したが、左官屋の職人さんが寺や民家の外壁にこてで絵や字を書き家屋を荘厳化されていた。

それがいかにも建物とよく調和して日本の美を奏でていたのである。

私は私の美のレパートリーに、また一つ鏝絵を入れる事が出来た。

ここにある「あぶらや」は鏝で外壁に書かれた文字で、私にかつての伊豆の旅を想い出させるに充分であった。

どこそこにあったと、はっきりは思い出せないが、私の記憶の深層にはこんな文字のある風景がたたみこまれていた。あそこにもここにもあったなあ…というぐらいの記憶である。

円いゆったりとした、江戸の空気がそこにはめこまれているようだ。

このあぶらやは榛原と八木とを結ぶ旧街道の旅籠屋、表の説明書によると、本居宣長もここで宿をとられたとか。

いいなあ、こんな風景がいつまでも残って欲しいものだと心に祈りながら。

（宇陀郡榛原町萩原　国道165号線と国道369号線の分岐点の近鉄大阪線のガードをくぐる手前の交差点を西へすぐ）〈地図108頁〉

82 道標

　伊勢街道が榛原に入る。東から来た街道はつき当たって右に折れる。そのつきあたりが前述の旅籠《はたご》の「あぶらや」、その手前左に、この道標がある。道標に書かれた文字の雄大雄渾なさまは県下で一、二を争う立派なものである。幅は三十三センチ、高さは大人の背丈ぐらいの一七五センチ。そこに深々と江戸人のおおらかさを示す文字がほりつけてある。

　碑面には　右 いせ本か以道
　　　　　　左 あをこ江道

とよめ、碑側には文政戊子三月吉日と書かれている。文政戊子とは文政十一年の事で一八二八年三月の建立である。左は「あを越え」であろうか、あをごえとは青山越えの事をいうのであろう。

　とにかく魅力一杯の道標、後世に是非残したいものの一つである。

（宇陀郡榛原町　あぶらやの東側）〈地図108頁〉

83 美榛園 前川佐美雄歌碑

（155×80cm）

あかあかと　つつじ花咲く　鳥見山
わがあふぎつつ　ほうとしてをり　佐美雄

榛原《はいばら》町美榛園《みはるえん》前に立っている。後に宇陀の山々。

作者は前川佐美雄《さみお》、歌人、明治三六年―平成二年、新庄町忍海の出身、佐佐木信綱に師事、歌集「植物祭」で新芸術運動の第一人者として認めらる。歌集に「大和」「白鳳」など、朝日新聞の歌壇選者に。

佐美雄の書は、明快なリズムと共に流れる。目に見える連綿はないが単体としてのリズムが弾んでいる。味もある。

（宇陀郡榛原町福地二二五五　美榛園前庭）

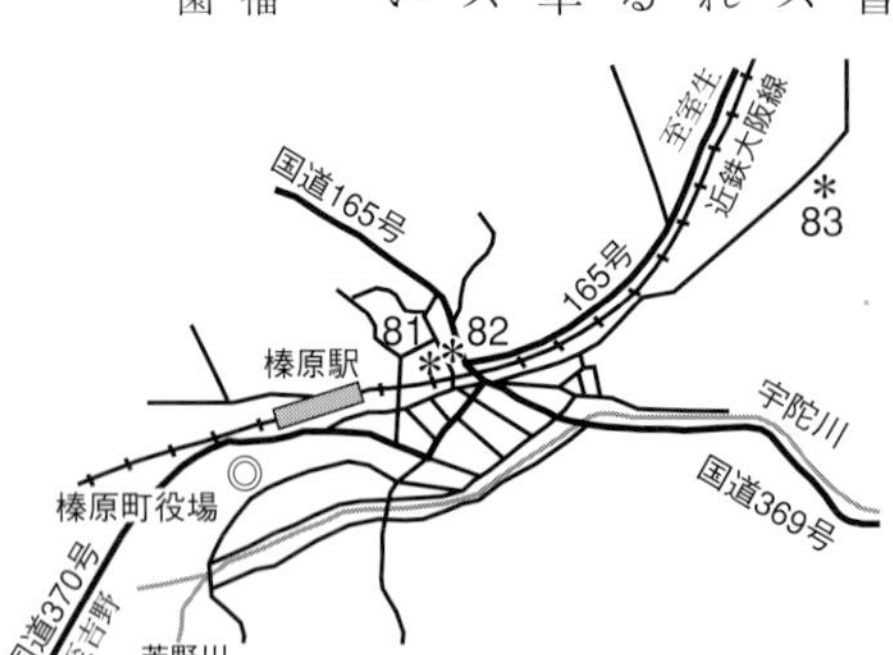

84 森野旧薬園 木額

十一月十一日、大宇陀町の森野旧薬園へ出かけた。大和の拓本家で有識者の湯浅先生から白記さんに「いい木額の書がありますよ。中野さんに知らせて下さい」との電話があったからだ。池大雅の書との事だった。私は二度程同処を訪れているが、私の記憶にはその書は生きていなかった。　大雅―本物だったらいいものに違いない。自称、貪欲な目をしているとの自負をもった私でも見落としがあるのであろうか。やはり多くの目にかなうものはないと内心想いながら、私は発掘の喜びをかみしめて大宇陀の町を訪れた。

それは古い江戸の街並がつづく丁度中程、東のなだらかな小山を背に森野家はあった。それは重厚、清潔、簡素な切妻づくりの大家であった。

吉野葛晒《さらし》工場の横を抜けると路はすぐ上りになる。そこに檜皮葺《ひわだぶ》きの小門がある。あったのだ。その門に小額がかかっていたのだ。一見大雅だと判明した。

拓本にかかる前に木額にあわせて紙を切る。丁度半切の半分の大きさだった。

文面には写真でご覧のように「蓬門今始めて君が為に開く」とある。落款は「霞樵《かしょう》」「池無名印《いけのむめいのいん》」と印を押す。霞樵は池大雅の別号。書き忘れたが、その門をくぐるとすぐに急勾配の山路にかかる。上り切った所の南面が旧薬園の栽培地で、二百五十種もの薬草が植えられている。大正五年、文部省保存史蹟に指定。昭和二十六年には昭和天皇のご来臨の栄に浴している。

この家の主、森野藤助は寛延二年から自分で写生し彩色した精密な動植物図譜、「松山本草」全十巻をあらわした。その生涯の研究の結晶とでも言うべきものである。この偉大な業績の裏には忠僕佐兵衛のあった事を併記しておきたい。

○

それは実に見事な書であった。欅の木目の板に刻られていた。

池大雅、独特の鷹揚で底抜けに気分の大きい書だ。

池大雅―江戸時代中期の南画家、書家。代表作に「十便十宜帖《じゅうべんじゅうぎちょう》」がある。別号は霞樵、九霞。安永五年（一七七六）没、五十四歳。

大雅は五十四才でこの世を去っている。こんな書をこの若さで残しているのである。資質、天性が違う所なのであろうか。

（宇陀郡大宇陀町上新一八八〇　森野旧薬園内　裏山へ出るための門）〈地図110頁〉

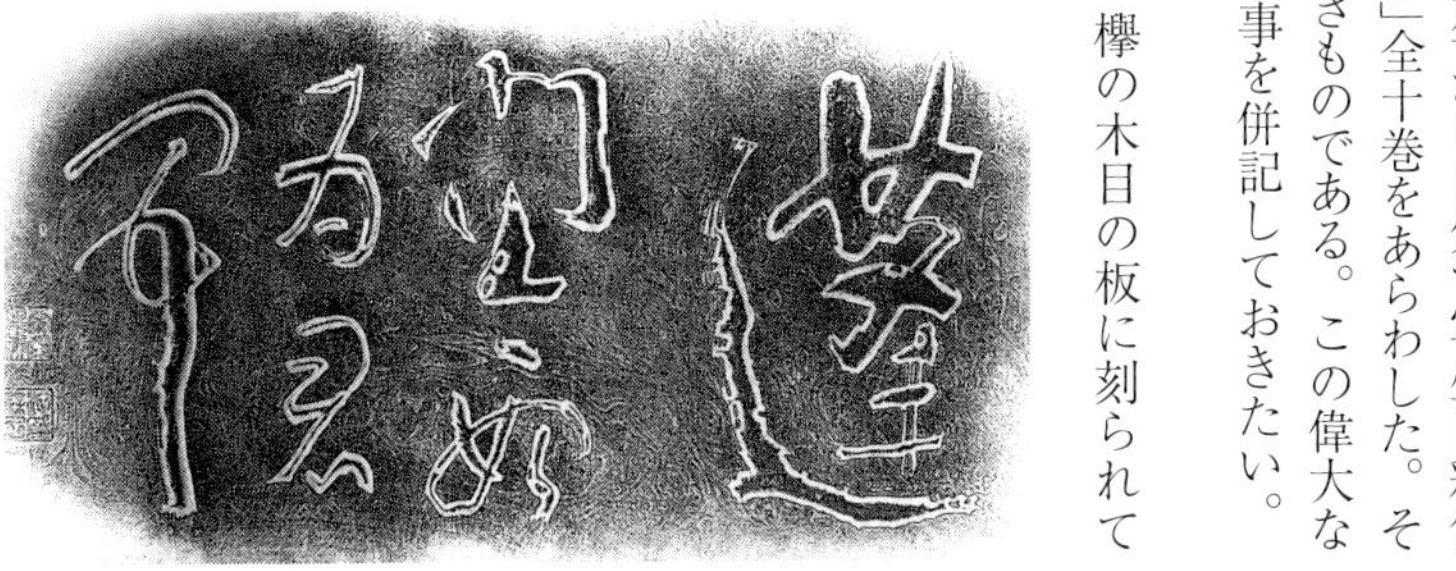

85 かぎろいの丘 万葉歌碑

ひむがしの 野にかぎろいの 立つみえて
かへりみすれば 月かたぶきぬ

この歌は万葉集巻一におさめられた「軽皇子の安騎の野に宿りましし時、柿本朝臣人麻呂の作る歌」と題した長歌一首短歌四首の中の一首である。

由来は、持統六年（六九二）初冬、軽皇子（のちの文武天皇）が亡父草壁皇子を追慕し、宇陀の安騎野に狩をされた時、宮廷歌人柿本人麻呂が随行しこの場所で詠んだとされている。

ここ立碑のある所はかぎろいの丘と呼ばれ、毎年「かぎろいを見る会」が催される。篝火《かがりび》がたかれ、人々はかぎろいを見る為に各地からここに集まってくる。

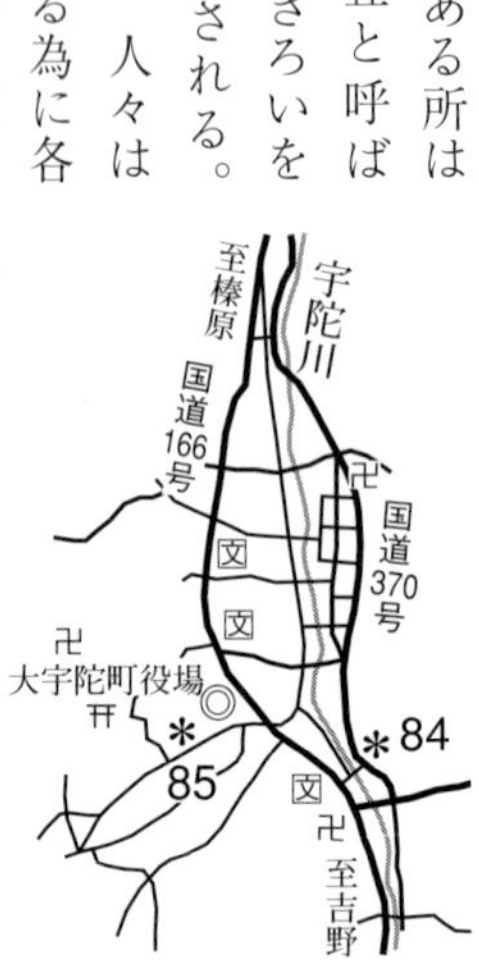

この歌は、東の野に日の出前の曙光のさしそむるのが見えて、ふり返って西の方を見ると、月はすでに西に傾き淡い光を放っている、という意。

筆者は歌人の佐佐木信綱、二メートルをこす細長い自然石に変体がなを交えて書かれている。書はさすがに風格がある。最近ここは公園として整備され前面に芝生、その向かいに安騎野連山が連なり碑は櫟《くぬぎ》林を背にして静かに建っている。

（宇陀郡大宇陀町阿騎野かぎろいの丘公園内大宇陀高校前）

86 室生寺 寺標

室生寺に三つの寺標が立っている。
江戸時代文政期のもの、大正十四年のもの、そして昭和四十年建立のものとである。

大正十四年のものは太鼓橋を渡ってすぐにある。明治の書家玉木愛石《たまきあいせき》の筆で「女人高野室生寺」と書かれている。

玉木愛石は国定教科書の乙種を執筆した人で、巻菱湖《まきりょうこ》の流れをくむ人。
世に愛石の書は癖がなく習いやすいといわれた。
この寺標もいかにもその評のごとく平明でわかりよい。

(300×45cm)

(450×62cm)

この寺標を左に見て右に折れると、本堂に通ずる山門にたどりつく。その手前右に優に四メートルをこす巨きな碑がある。碑文には「女人高野大本山室生寺」と。

昭和四十年十一月の建立である。書いた人は今井凌雪。今さら説明するまでもないが、今井先生は大阪生まれで奈良の人、恩賜賞受賞、日展審査委員…と華々しい経歴の持ち主である。立碑は昭和四十年なので先生四十三歳の作である。その書は六朝北魏の造像銘を頭に入れられてか、碑面一杯に気力が漲っている。天地左右の空きと余白、まさに完璧にして誰もが首肯する寺標といえよう。

（宇陀郡室生村七八　室生寺）

87 世尊寺 山門碑

　真っ直ぐにのびた旧道、それがつきあたる所、世尊寺（以前は比曽寺《ひそでら》といった）の山門がある。その山門の右手石垣の上にこの碑がある。「葷酒《くんしゅ》の山門に入るを許さず」とよむ。葷酒とはにんにくと酒。葷酒を帯びた人はこの清浄の地に足を踏み入れるなとの意である。

　古格があって実にいい書だ。蘇東坡《そとうば》風なのかなあ、肉厚で一点一画をゆるがせにしない大人の書がそこに展開する。いつも古人（江戸期以前の…）の書を見ては感心するのだが、古人のそれは碑面一杯に文字を書き、読めて窮屈でなくそして堂々としている事だ。

　碑側に「明和四亥九吉日　霊鷲山現大樹立焉」とある。

（120×30cm）

明和四年は西暦一七六七年で、今から二三六年前の碑である　ところで、昭和期に入った碑の文字を見てみよう。それは碑面に収まるように実に小ぎれいに整えられて、こぢんまりと碑に収まっている。

　これは何故?と考えてみるが、所詮《しょせん》、現代人は人間が小さくなってしまったという証拠なのではなかろうか?

　ついでながら世尊とはお釈迦さまの事。

（吉野郡大淀町比曽七六二　国道169号線比曽口を北へ）〈地図113頁〉

88 世尊寺 題額二種

世尊寺（比曽寺）にこの木額がある。寺伝を調べると、飛鳥時代には堂塔が建てられ、その後、東西両塔、金堂、講堂を備えた薬師寺式の大寺であった。

平安時代には宇多上皇や道長の尊崇を受け寺勢は栄えた。が、後衰え、鎌倉時代再建の東塔も伏見城に、のち三井寺に移され、今も現存する。江戸時代には寺号を世尊寺と改めている。往時の堂塔は残っていないが土壇、礎石、古瓦などによってその規模をしのぶ事が出来る。

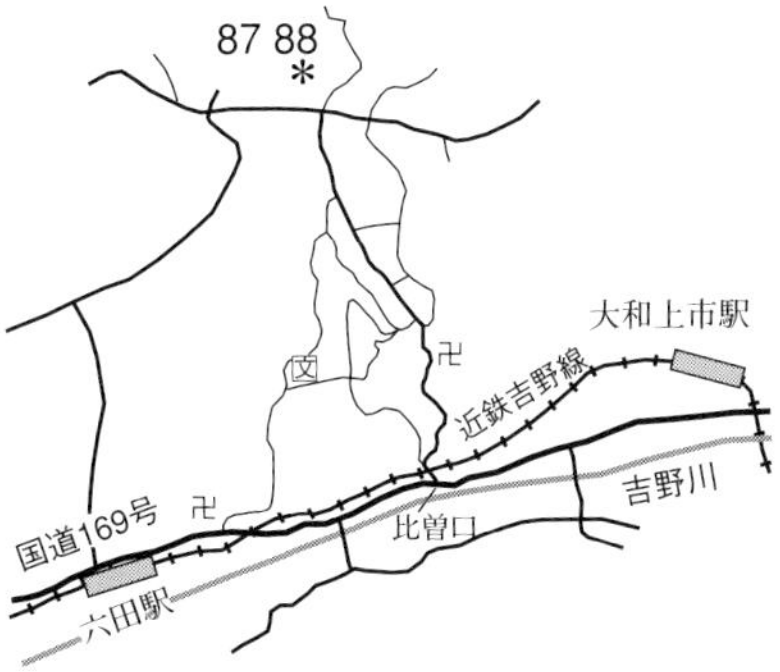

前置きが長くなってしまったが、木額にある「日国最初法窟」の意味がこれでとけた事になる。

筆者の開山老人雲門は、雲門即道《そくどう》といって世尊寺を開山した名僧である。書は雄大で雅味に富む。味わい深い書である。開山老人雲門の書が太子堂にもある。「法王殿」と書かれている。木額で法王殿は茶色の彩色、右下に寄付者の名前。この書もおおらかで豊か。よく一七〇年の風雪を生き抜いている。

太子堂の南に連なっていた文殊堂は倒壊して今はない。

①

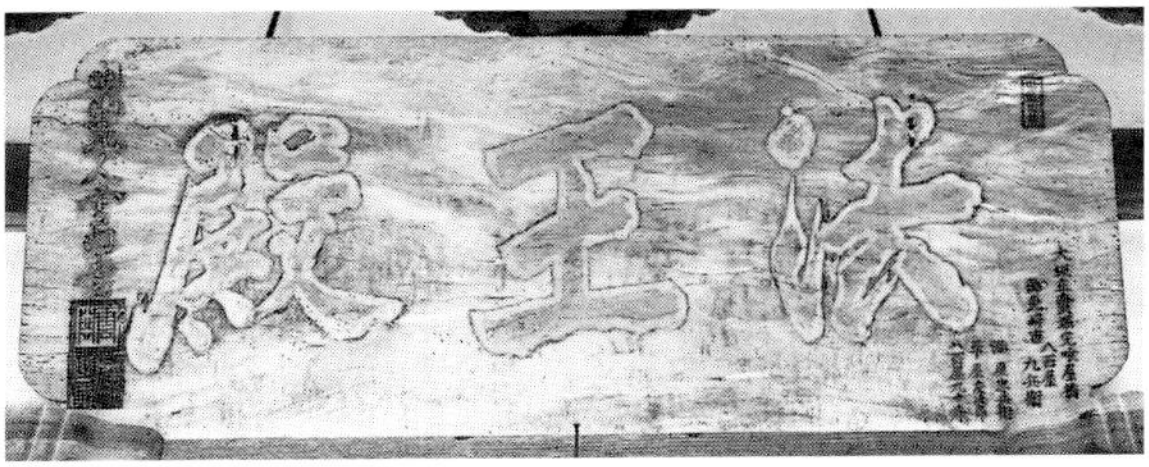
②

（50×160cm）

（①「日国最初法窟」世尊寺山門　②「法王殿」太子堂）

89 発心門 門額

この大きな鳥居は高さが八メートル、柱周りが三メートルもあり、東大寺大仏さん建立の余りの銅でつくられたといわれている。

吉野山から山上が岳まで約三十キロの間に発心、修行、等覚、妙覚の四つの門があり大峰詣での行者はこの柱のまわりに手をかけ、俗界を離れ修行の心を新たにして、大峰山に向かったといわれている。

その第一の門（発心門《ほっしんもん》）の題字は弘法大師の筆と伝えられる大師流（絵画的な文字）で、いかにもデザイン的な書だがさすがに雄大。日本の三鳥居の一つの「発心門」にぴたりの文字である。額は目測で縦二メートル、横一・五メートル。

ちなみに日本三鳥居とは安芸の宮島の朱塗りの鳥居、大阪四天王寺の石の鳥居と、ここ吉野山の銅《かね》の鳥居をいう。

（口絵⑥　吉野郡吉野町　黒門をくぐり約一五〇メートル「銅の鳥居前」バス停すぐ）〈地図125頁〉

90 金峯山寺 門額

私と修験宗管長五條順教氏とは中学時代の同級生である。何故この年代（昭和五十年代の後半から六十年にかけて）に急接近したのかは忘れてしまった。

彼は知らぬ間に管長になっていた。そしてこの頃書に熱中しているようであった。一度お邪魔した管長室で彼は盛んに大燈国師の書を論じた。

彼の宿坊の東南院に小坂奇石先生を伴って御邪魔したのは昭和六十年五月二十日、二十一日の事であった。（この頃から日記に行事を記載している。）同伴した「杉」のおかみの手料理を大広間で馳走になった。

後には寂厳《じゃくごん》の書、六曲一双が立てかけてあった。

同行し墨磨りをしたのは誰か忘れてしまったが、先生は大きい紙（縦二八〇センチ、横五〇センチ）に「金峯山《きんぷせん》修験本宗」とそれこそ息つく暇なく、たてつづけに七、八枚書かれたのを記憶している。

出来上がった寺標の裏に「昭和六十年七月奇石書」とあるから、出来上がったのは約二か月後という計算になる。

先生八十四歳の作である。

蔵王堂のあの大きな山門に懸けられた先生の書は登りくる人々をはったと睨《ね》めつけているように思えてならない。


（吉野郡吉野町吉野山二四九八　金峯山寺北側仁王門東側の柱）

〈地図125頁〉

（280×50cm）

91 金峯山寺 題額

この壮大なドラマを—と私はこの書（木額）を見て思う。それはまさに壮大な南朝の歴史を象徴するかのように雄大なのである。

言わずとも知れた南朝の悲劇の歴史はここ蔵王《ざおう》堂《どう》に極まる。

元弘三年（一三三三）三月三日、吉野山にたてこもられた後醍醐天皇の第二皇子、大塔宮護良親王は北条氏の大軍に攻められる。そして、本陣蔵王堂の前で最後の酒宴を開かれる。酒盛りも終わり落城も目前に迫った時、家臣の村上義光は宮の鎧兜を身につけ、二王門にかけのぼる。そして、腹を真一文字にかき切り、宮の身代わりとなって壮烈な最期をとげる。敵のひるむ間に宮は高野山へと逃げのびられた。

これがここ吉野山哀史の最大のドラマなのだ。

木造建築日本第二の蔵王堂にこの書「金峯山寺《きんぷせんじ》」はまさにふさわしい。それはドラマにも増して雄大剛壮なのだ。私はこの額を最初に見た時から、唐の太宗の晋祠銘を想った。

この書も晋祠銘同様、底抜けに大きいのだ。

県下にもこれはと言う屈指の名筆が多々あるがこの書はその最右翼に位置する書だ。

筆者は瑞龍宝州。すごい人がおられたのである。

　幸い管長の五條順教氏とは旧知の仲である。早速手紙で瑞龍宝州について教えて頂いた。文面によると「前略　瑞龍宝州と言うのは瑞龍寺の宝州ということです。瑞龍寺は大阪の浪速区に現存する黄檗宗のお寺で開山は鉄眼《てつげん》禅師、二代目が宝州和尚です…」とあり、管長の著書の一部がコピーされてあった。そこに「鉄眼と吉野桜」という項があった。要約すると鉄眼禅師という名僧が仏法を弘めたいと発願し一切経の翻刻を思いたたれる。苦労して集めた資金でいざこれからと言う時に大飢饉がおこる。和尚はその資をすべて難民救済にあてられた。それも二度。ようやく三度目の勧進の資金で念願の一切経の翻刻をされたという。

　問題はその版木の事であるが、桜の木が一番版木に適している。吉野一山は蔵王権現の御神木である桜を切り六万枚の版木を作って差し出されたという。まことに美挙である。「金峯山寺」の筆者瑞龍宝州は一切経翻訳の事業を完成させた黄檗の名僧で鉄眼の後継者である。桜の因縁を以て奉納されたものと思われる。

（口絵④・⑤　金峯山寺蔵王堂）〈地図125頁〉

92 金峯山寺 寺標

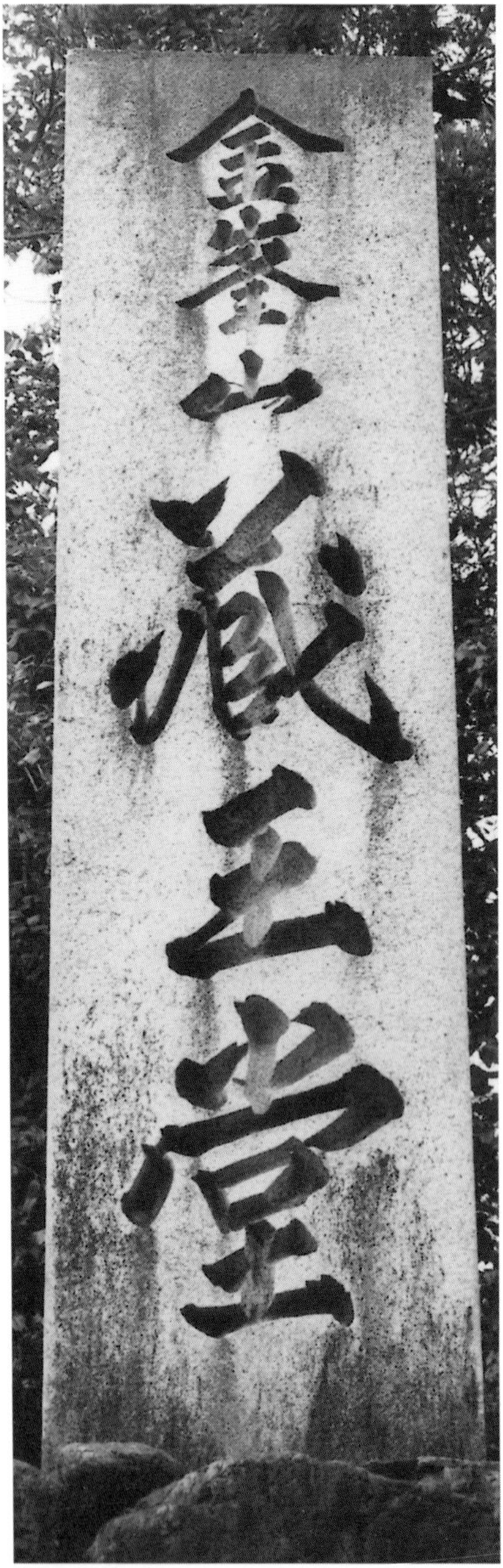

（310×82cm）

さすが木造建築日本第二位の「蔵王堂」の寺標だけの事はある。碑面だけで横八二センチに対し縦は三・一メートル。下の台座を加えれば四メートルは優に超すであろう。そこに金峯山をやや小さめに蔵王堂は堂々と書かれている。坊さんの書なのであろう。変なねじれがなくてよい。線は清らかで深く、吉野の山の精を吸ってすでに充分。そしてこの書を活かしているのが、蔵王堂を含めての大空間なのである。

後にわかった事だが、この書は現管長五條順教氏の父覚澄氏の筆になる。

〈金峯山寺南側入り口の東側〉〈地図125頁〉

93 喜蔵院 題額

（40×120cm）

吉野山四宿坊の一つ。承和年間（八三四―八四七）に三井寺を開いた智証大師円珍が大峰山入峰の時創立された寺と伝えられている。

「護法山」の書は木額。刻の関係もあってか、ややずるずると書き流したという風に見えるが、なかなかどうして、その書は達筆にして自在である。流れに身をまかせているようであるが、文字の見事な入れ方は凡手ではない。まさにぴたりの収まり。

江戸期の坊さんの書だと思われる。左下に緑の彩色の印があったがいつのまにか欠落した。この時代、書に達した人が沢山いたのである。

ふと見上げると桜の古木に狂い咲きの花が咲いていた。

（吉野郡吉野町吉野山一二五四　喜蔵院）〈地図125頁〉

94 竹林院 題額

（80×170cm）

正面玄関の上にこの木額がある。寺伝によると「竹林院」は聖徳太子が黒駒に乗って来り、金精神語の後ここに精舎を構え椿山寺と称したとある。従って開創は太子である。のち、天武天皇、弘法大師、源頼朝の義経追討の院宣、西行法師、と当寺はあまたの有名人と関与するが、南北朝対立後、後小松天皇の勅を蒙り椿山寺を竹林院と改称する。

近代では、明治二十三年の昭憲皇太后、昭和五十六年の昭和天皇・皇后両陛下の泊所となる。

話は戻るが、この書は実にいい書である。それは大和の名書十指に入るであろう。

そしてそれは王羲之正統の書を踏襲している。形姿は整斉、用筆は流麗、まさに王書の神韻を得た書であると言えよう。

落款は「静廬」。

後日、同寺を訪問する事あり。

筆者についてお尋ねした所、江戸時代の摂津の国の殿様だそうで、それ以上の事はわからないとの事であった。

（吉野郡吉野町吉野山二一四二　竹林院群芳園の門を入って正面）

〈地図125頁〉

95 昭憲皇太后歌碑

吉野山如意輪寺は一度山を下ってまた山を登る。その下り切った所、谷川の流れの湧き出る凹地に、その碑はひっそりと佇んでいる。

近衛文麿―公爵家の生まれ。太平洋戦争時の総理大臣。軍部の圧政下、戦局多難の時乞われて宰相の座についた。やがて敗戦、近衛は戦犯に指名される。そして極東裁判の始まる直前、服毒自殺をとげる。

これは昭憲皇太后の御歌を万葉仮名で認《したた》めたものである。

昭憲皇太后御歌
よしのやま　みささぎちかく　なりぬらむ
ちりくるはなも　うちしめりたる
公爵　近衛文麿謹書

この歌、吉野の憂情をたたえて真に入る。

近衛の書も詩の意に感じてか、筆鋒鋭く迫っている。中国唐時代の欧陽詢《おうようじゅん》の行書、嵯峨天皇の李嶠詩《りきょうのし》の書風を髣髴とさせる。

（吉野山　桜花壇の南約一〇〇メートル　如意輪寺へ行く道を下ったところ）〈地図125頁〉

96 旧世尊寺 鐘銘

吉野山を登りきって子守という集落に出る。その中央部右手の丘にこれがある。昔はここに世尊寺があったが、今は吹放しの鐘楼が一つ。鐘は古くから三名鐘の一つに数えられる。一は東大寺の奈良太郎、二は高野山根本中堂の高野二郎、三は吉野世尊寺の吉野三郎である。

ちなみにこの鐘の鐘身は高さ一・六二メートル、口径一・二四メートル、口縁厚さ一三・六センチ、堂々の巨鐘である。

鐘身には四区に銘文が刻され、原銘は陽鋳、追銘は陰刻になっている。

文意を要約すると、「保延六年（一一四〇）平忠盛が熟銅と穴師庄の土地を施入して、先妣菩提のため発願した。ところが出来上がった鐘の音響が小さいため、二十年後の永暦元年（一一六〇）に改鋳したものである。」

書はゆったりと書かれ、おおらかでとらわれがない。一一〇〇年代は平安時代の後期に当たる。やはり時はゆったりと流れていたのであろう。

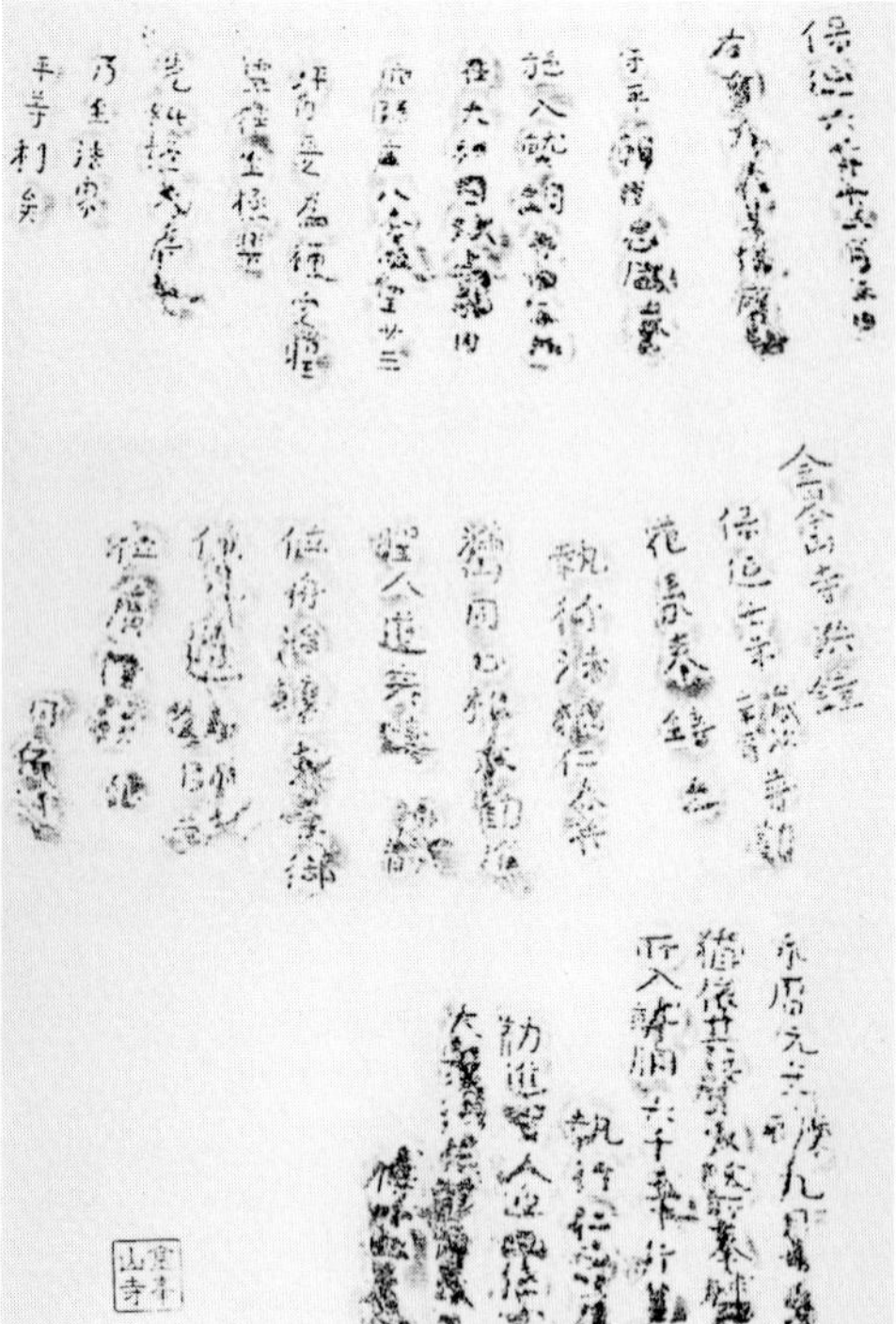

（吉野郡吉野町吉野山子守　花矢倉（世尊寺）展望台の坂道を登ったところ）〈地図125頁〉

97 谷崎潤一郎歌碑

吉野山中に入る県道を左折し、小高い丘にのぼる。頂は平坦にならされそこに国栖《くず》小学校がある。その途中の、小丘がまろやかに谷に下る所にこの碑がある。

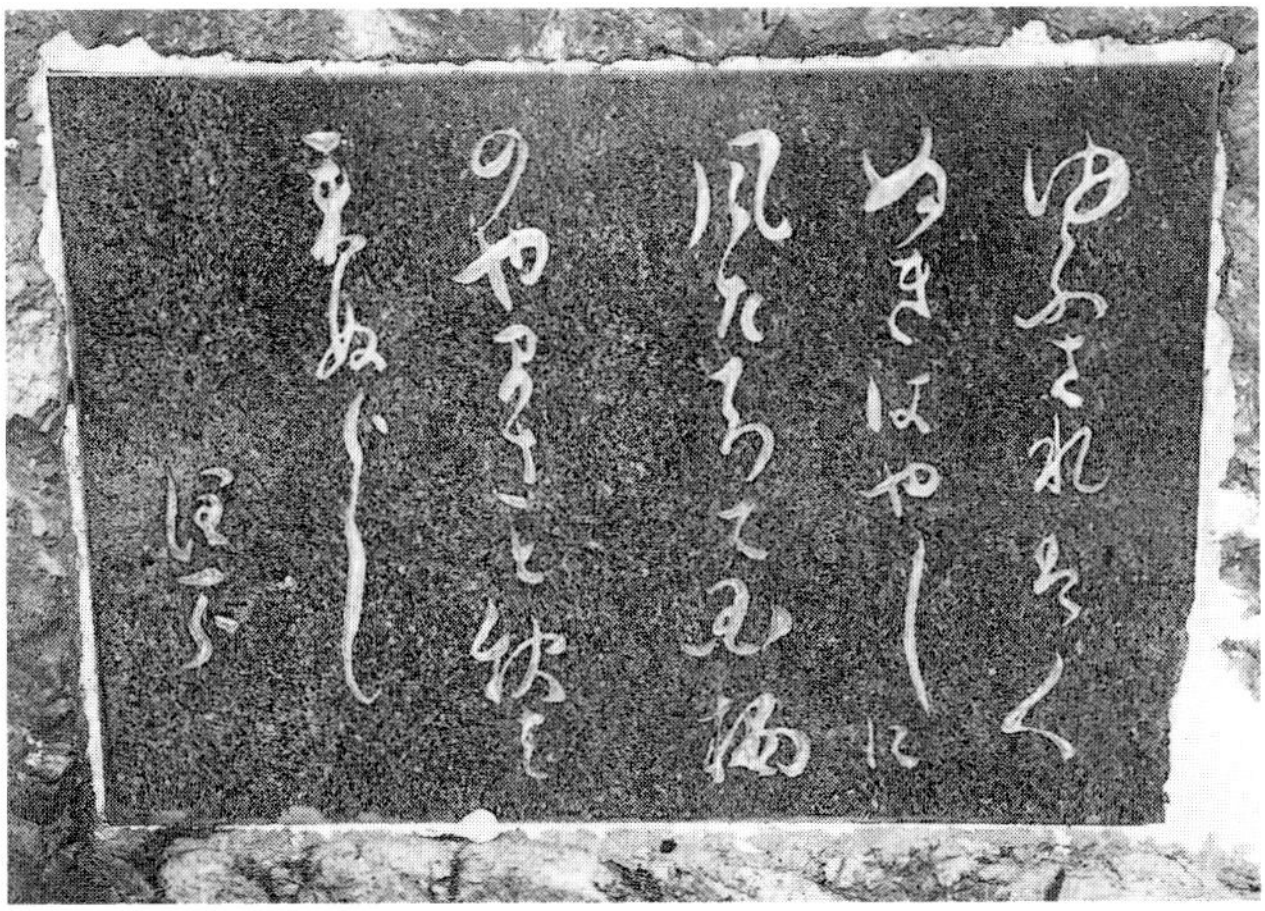

ゆふされば　くぬぎばやしに　風たちて
国栖のやまざと　秋は来ぬらし　　潤一郎

誰もこない。下からかすかに谷川の音が聞きとれる。山気を感じる。蕭々と秋風が吹いている。まことにこの歌碑はその所を得たといえよう。

書も谷崎さんにしては爽やか。大谷崎のかかる一面をかいま見た思いである。

谷崎潤一郎（一八八六―一九六五）大正昭和の小説家。代表作に「刺青」「痴人の愛」「卍」「吉野葛」「春琴抄」「細雪」など多い。作風も耽美主義から母恋もの、モダニズムの時代、日本回帰の時代と幾変遷し、日本の文豪、大谷崎と呼ばれた。この歌碑にうたわれた歌は「吉野葛」の時代、即ち昭和六年頃のものである。

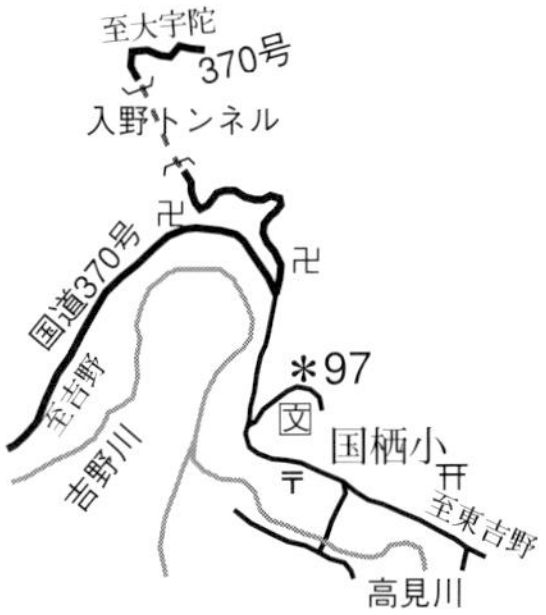

（宮滝より東吉野へ向かう国道370号線沿い　吉野郡窪垣内四六―一　国栖小学校に登る坂道の途中の広場）

98 川上村磨崖

土倉翁《どくらおう》（一八四〇～一九一七）は天保十一年この地大滝に生まれた。「土倉式造林法」を確立し、秋田杉、木曽檜と並んで日本三大人工美林として有名な吉野杉の基を築き、全国各地、遠くは台湾にまでその造林指導を広められ「日本の造林王」と称された偉人である。

翁は、自分の利益の三分の一は事業に、との信条をもとに、社会事業にも膨大な私財を投じ、道路や河川の改修をはじめ、日本赤十字社への寄付など、その業績は各地各方面に及んでいる。

翁は教育にも深い理解と協力を惜しまず、同志社大学・日本女子大学の創設は翁の貢献によるところと言っても過言ではない。

また翁の思想は、自由民権運動を支え、その財力は自由党の台所といわれ、板垣退助の欧州視察の費用を出資した話は有名である。

山村の財政基盤を確立するために、村有林の造林を行い、今日の村の礎を築いた。

翁は木に巻きついた蔓を見るとかわいそうだとそれが他人の山であろうと蔓を切ったと言われるように、木をこよなく愛した人で、その心は今も人々の心に受け継がれている。

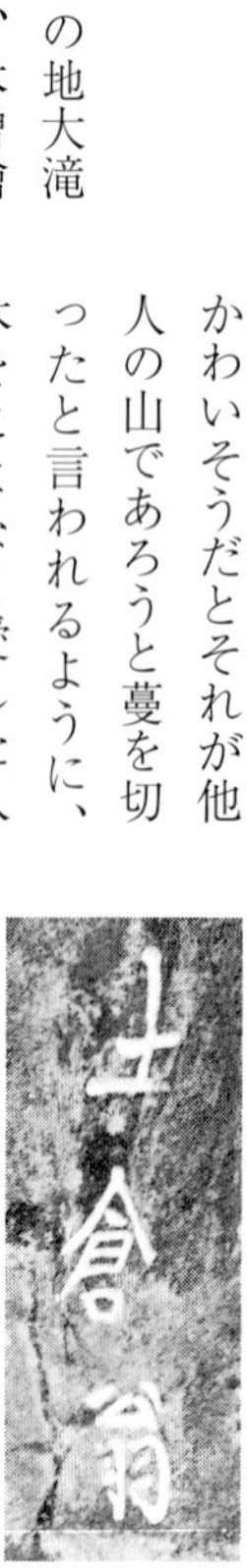

以上のように土倉翁は偉人であった。

私がバスに乗り、鎧《よろい》がけ岩の文字をはじめて見たのは、昭和二十年代の事である。当時、北魏の鄭道昭の書にのめりこんでいた私は、バスの窓からみる対岸のこの書には、本当にびっくりしてしまった。そこには六朝の書がそのまま生きているではないかと。

土倉翁造と岸壁には大きく刻られている。この書はいい書でよかった。嫌な文字であったら千古の醜《しゅう》を残したであろうに。

一体こんな立派な書を誰が書いたのであろうか？この道は大台が原へと通じる道である。人はいつもこの書をみて通る。

土倉翁はいつまでも人々の記憶に残っていく事であろう。

（吉野郡川上村大滝　国道169号線五社トンネルを抜け約一キロ　「川上村西河口」バス停を右折し約一五〇メートル　吉野川対岸）

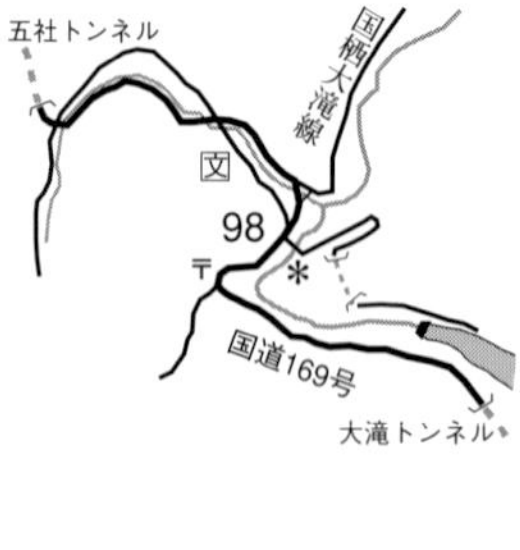

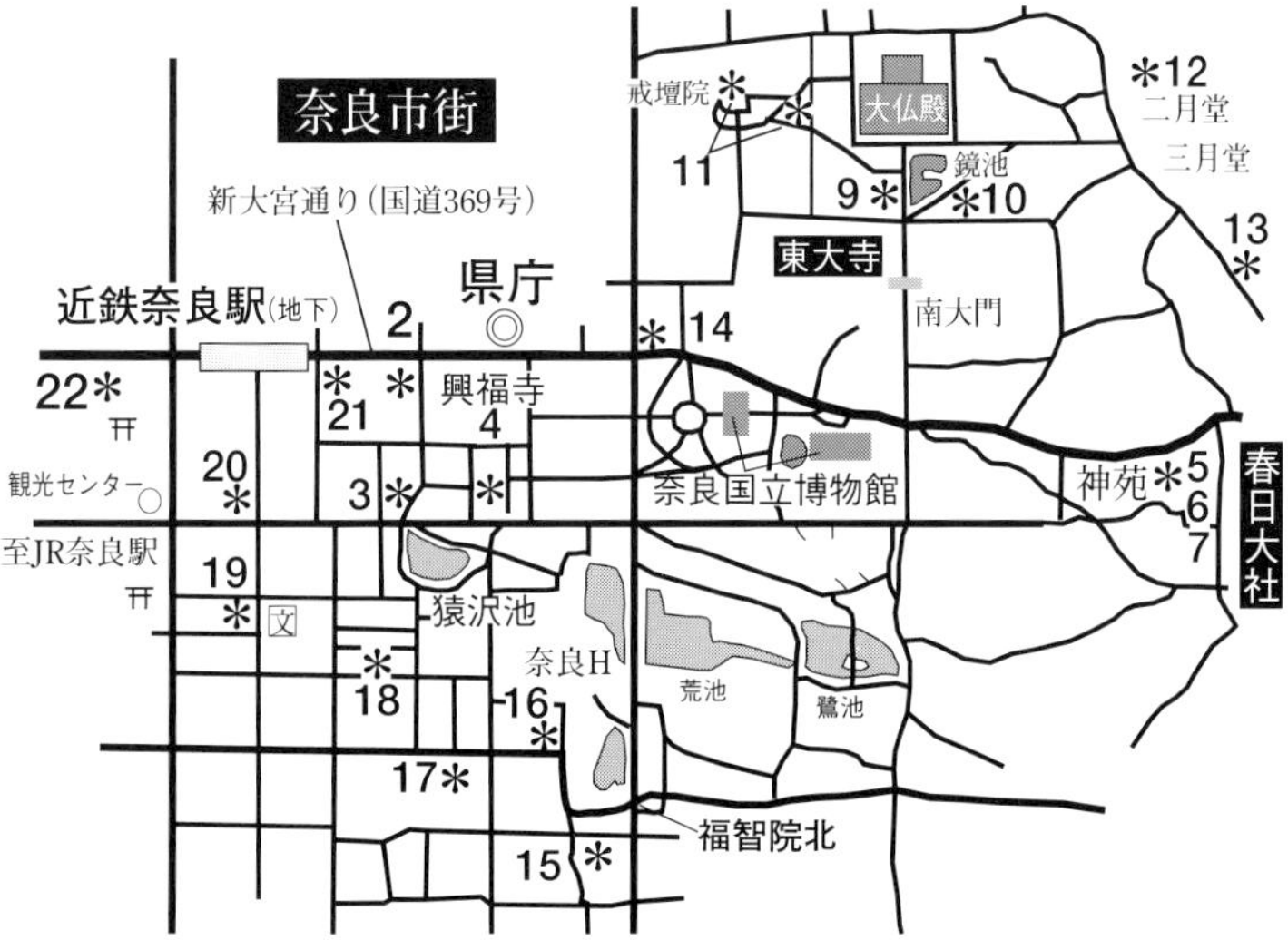
奈良市街
新大宮通り（国道369号）
近鉄奈良駅（地下）
2
県庁
戒壇院
11
大仏殿
鏡池
9
10
12
二月堂
三月堂
13
東大寺
南大門
14
22
21
興福寺
4
20
観光センター
3
奈良国立博物館
神苑
5
6
7
春日大社
至JR奈良駅
19
文
猿沢池
奈良H
荒池
鷺池
18
16
17
福智院北
15

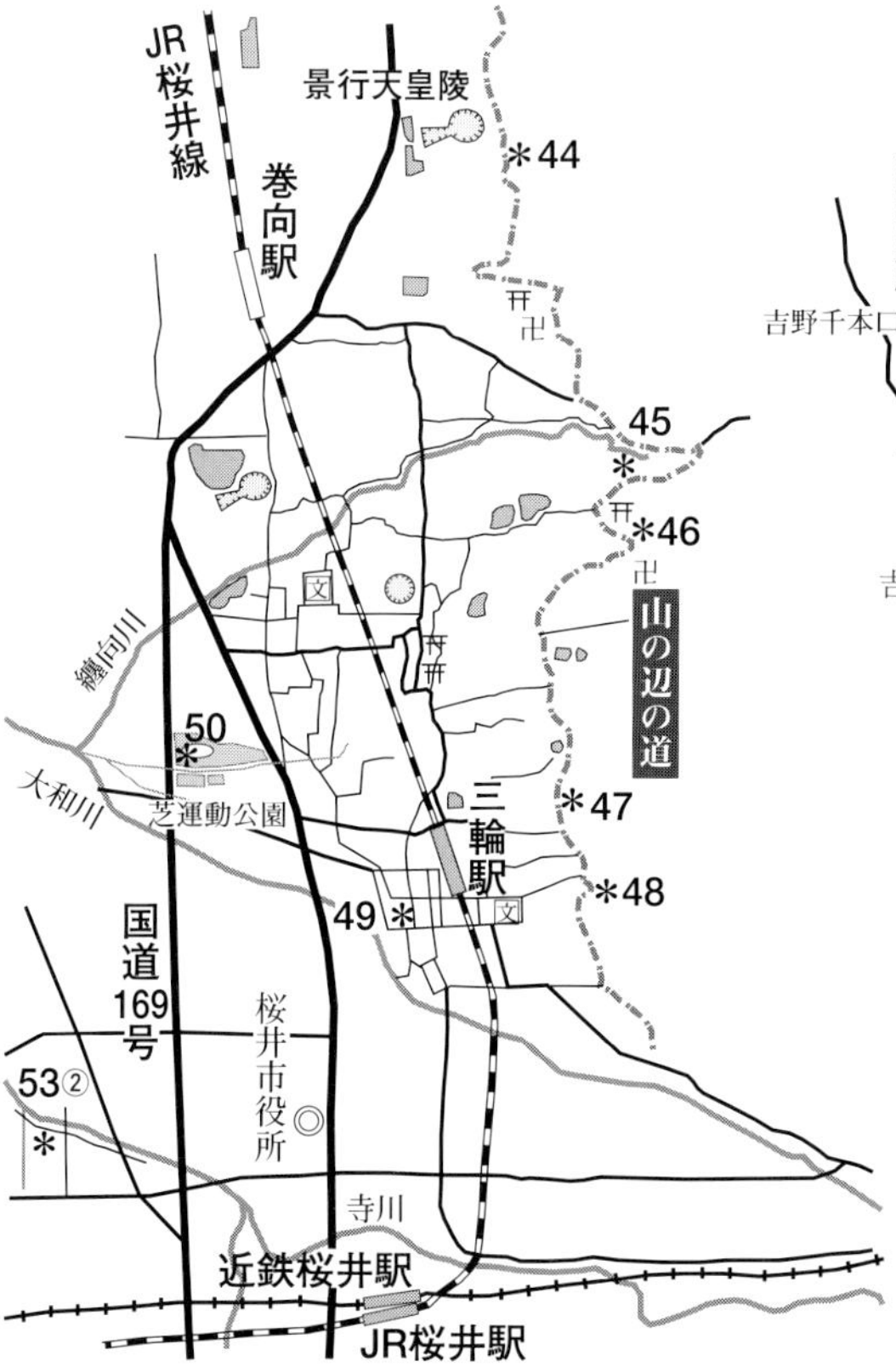
JR桜井線
景行天皇陵
44
巻向駅
45
46
纒向川
山の辺の道
50
大和川
芝運動公園
三輪駅
47
48
49
文
国道169号
桜井市役所
53②
寺川
近鉄桜井駅
JR桜井駅

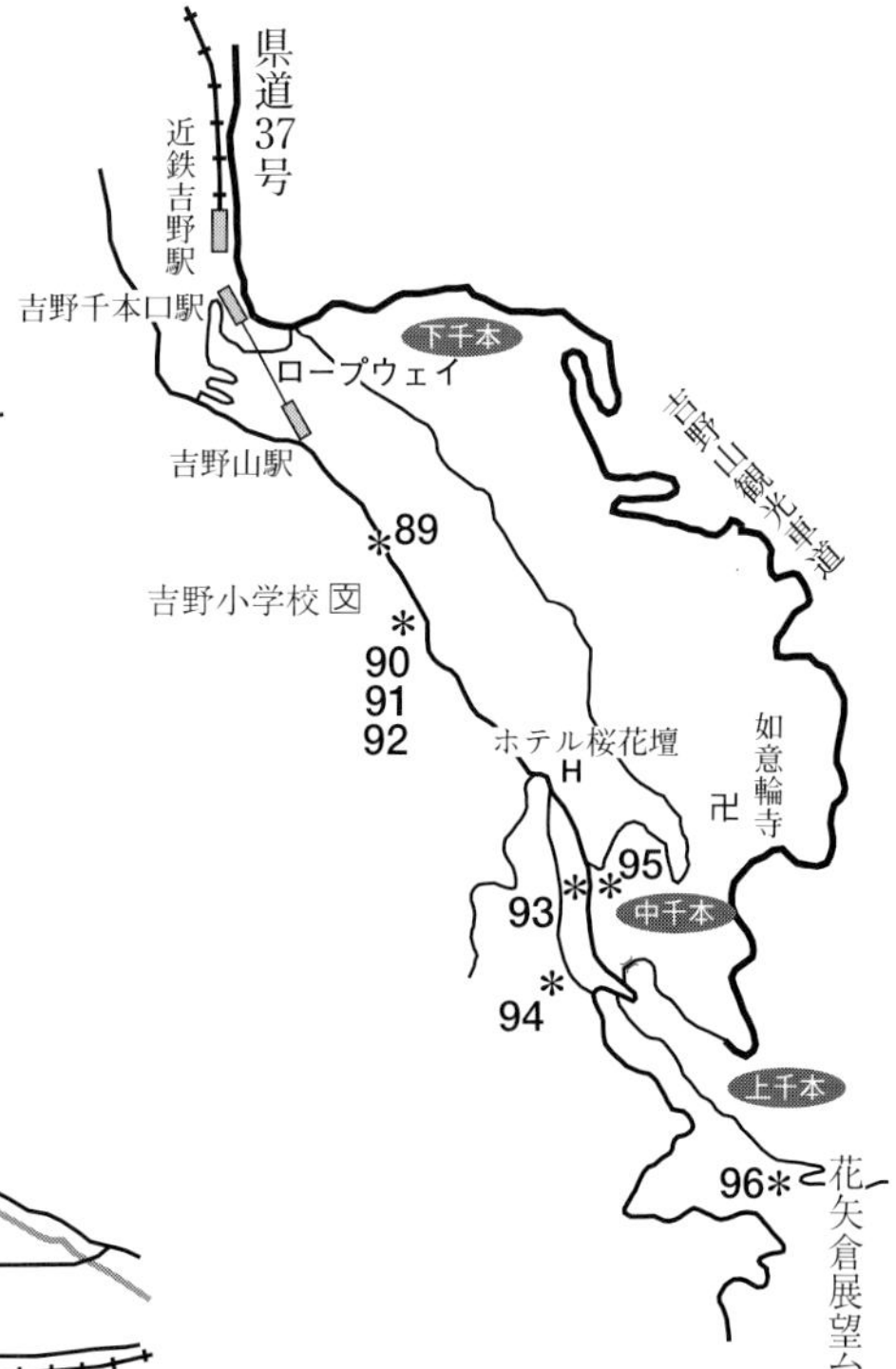
県道37号
近鉄吉野駅
吉野千本口駅
下千本
ロープウェイ
吉野山駅
吉野三観光車道
89
吉野小学校 文
90
91
92
ホテル桜花壇
H
如意輪寺
95
93
中千本
94
上千本
96
花矢倉展望台

書道・美術関連施設

興福寺国宝館	奈良市登大路町４８　０７４２−２２−５３７０ 最寄駅：近鉄奈良駅　〔２・３・４関連〕
奈良国立博物館	奈良市登大路町５０　０７４２−２２−７７７１ 「最澄久隔帖」「空海金剛般若経解題」等　最寄駅：近鉄奈良駅
奈良県立美術館	奈良市登大路町１０−６　０７４２−２３−３９６８ 最寄駅：近鉄奈良駅
正倉院	奈良市雑司町１２９　０７４２−２６−２８１１ 「光明皇后楽毅論・杜家立成雑書要略」等　最寄駅：近鉄奈良駅
寧楽美術館	奈良市水門町７４　０７４２−２５−０７８１ 「宋拓晋唐小楷」等古碑帖を多数収蔵。最寄駅：近鉄奈良駅
春日大社宝物殿	奈良市春日野町１６０　０７４２−２２−７７８８ 最寄駅：近鉄奈良駅
奈良市杉岡華邨書道美術館	奈良市脇戸町３番地　０７４２−２４−４１１１ 最寄駅：近鉄奈良駅
元興寺総合収蔵庫	奈良市中院町１１　０７４２−２３−１３７７ 最寄駅：近鉄奈良駅　〔１７関連〕
奈良国立文化財研究所 平城宮跡資料館	奈良市二条町２−９−１　０７４２−３４−３９３１ 「平城京出土木簡」等
大和文華館	奈良市学園南１−１１−６　０７４２−４５−０５４４ 「伊予切」「石山切」等　最寄駅：近鉄奈良線学園前駅
唐招提寺新宝蔵	奈良市五条町唐招提寺内　０７４２−３３−７９００ 最寄駅：近鉄橿原線西ノ京駅　〔２５〜２８関連〕
薬師寺大宝蔵殿	奈良市西ノ京町４５７　０７４２−３３−６００１ 最寄駅：近鉄橿原線西ノ京駅　〔２９関連〕
天理大学附属天理参考館	天理市守目堂町２５０　０７４３−６３−８４１４ 最寄駅：JR桜井線・近鉄天理線天理駅
法隆寺大宝蔵殿	生駒郡斑鳩町法隆寺山内１−１　０７４５−７５−２５５５ 〔３４関連〕
奈良県立橿原考古学研究所 附属博物館	橿原市畝傍町５０−２　０７４４−２４−１１８５ 「飛鳥宮出土木簡」等　最寄駅：近鉄橿原線畝傍御陵前駅

観光情報問合せ一覧

県市町村

奈良県企画部観光課
０７４２−２７−８４７９

奈良市経済部観光課
０７４２−３４−４７３９

奈良市観光センター
０７４２−２２−３９００

ＪＲ奈良駅構内　市内総合案内所
０７４２−２２−９８２１

柳生観光協会
０７４２−９４−０００２

大和郡山市役所 商工観光課
０７４３−５３−１１５１

生駒郡斑鳩町役場 産業振興課
０７４５−７４−１００１

天理市役所 商工観光課
０７４３−６３−１００１

橿原市役所 商工観光課
０７４４−２２−４００１

高市郡明日香村役場 企画課
０７４４−５４−２００１

桜井市役所 観光協会
０７４４−４２−９１１１

葛城市（旧新庄町）
０７４５−６９−３００１

御所市役所 商工観光課
０７４５−６２−３００１

宇陀郡榛原町役場
０７４５−８２−１３０１

宇陀郡室生村 観光協会
０７４５−９２−２００１

吉野郡吉野山観光協会
０７４６３−２−１００７

奈良県観光連盟
０７４２−２３−８２８８

奈良市 観光協会
０７４２−２２−５２００

近鉄奈良駅構内 市内総合案内所
０７４２−２４−４８５８

猿沢観光市内案内所
０７４２−２６−１９９１

奈良市観光情報ホームページ
http://www1.sphere.ne.jp/naracity

大和郡山市 観光協会
０７４３−５２−２０１０

生駒郡斑鳩町 観光協会
０７４５−７４−６８００

磯城郡田原本町役場　観光協会
０７４４３−２−２９０１

橿原市 観光協会
０７４４−２８−０２０１

高市郡明日香村 観光開発公社
０７４４−５４−４５７７

大和高田市役所　商工振興課
０７４５−２２−１１０１

（旧当麻町）
０７４５−４８−２８１１

五條市役所 観光協会
０７４７−２２−４００１

宇陀郡大宇陀町役場
０７４５−８３−２２５１

吉野郡吉野町役場 文化観光商工課
０７４６３−２−３０８１

吉野郡川上村役場 産業振興課
０７４６５−２−０１１１

ホテル・旅館関連

奈良県旅館組合
０７４２−２２−３６７５

交通機関

ＪＲ奈良駅
０７４２−２２−７７００

奈良交通テレフォンセンター
０７４２−２０−３１００

近鉄奈良駅
０７４２−２６−６３５５

奈良交通定期観光バス案内所
０７４２−２２−５２６３

著者紹介

中野《なかの》 南風《なんぷう》（本名 薫）

書道家

昭和二年、奈良県御所市に生まる。奈良師範学校卒。二十五年より小坂奇石に師事。日展、三十一年より十二回連続入選、四十三年より不出品。五十三年読売書展、総理大臣賞、五十四年文部大臣賞受賞。

現在、読売書法会理事・日本書芸院参与・東方書道院同人・奈良県展審査員・南風会会長。

著書に随想集『不図』。

大和の碑

奈良の書碑を訪ねて

二〇〇五年八月十日発行

著　者　中野 南風

発行者　比田井 和子

発行所　天来書院

〒一四〇―〇〇〇一

東京都品川区北品川一―一三―七

長栄ビル七F

電　話　〇三（三四五〇）七五三〇

FAX　〇三（三四五〇）七五三一

印刷・製本　株式会社 亜細亜印刷

Printed in japan